Burkhard Blatt
Klaus Arp

Doch da – was ist das?

Spaß- und Nonsensstücke für spontane Theateraufführungen

Verlag an der Ruhr

Impressum

Titel: Doch da - was ist das?
Spaß- und Nonsensstücke für spontane Theateraufführungen
Autoren: Burkhard Blatt, Klaus Arp
Redaktion: Ulrich Wiegmann
Titelbild: Judith Tüch
Satz/Layout: Nancy Krings, Markus Krieger
Druck: DAN, Ljubljana, Slowenien

ISBN 3-86072-071-6

Verlag an der Ruhr
Postfach 10 22 51
Tel.: 0208 / 49 50 40
Fax: 0208 / 495 0 495
4330 Mülheim an der Ruhr

Inhaltsverzeichnis

Zum Geleit

Daß die ganze Welt eine Bühne sei, auf der der Mensch lediglich als tragische Marionette des Schicksals agiere, glaubte nicht nur der große Shakespeare. Daß der Mensch zuweilen in vorgegebene Rollen schlüpfen sollte, um diese mit Lust und Phantasie zur Darstellung zu bringen, sich selbst und anderen zur Freude, das allerdings glauben die Verfasser des vorliegenden Buches.
Es begann alles auf einer Skireise im Frühjahr 1985.

Die Heimattragödie "Willi, der Wilddieb" entstand in nächtlicher Weinlaune auf der Grundlage eines Irgendwann-Schon-Mal-Gehört. Vier Personen brachten nach den Anweisungen eines Bühnensprechers 14 Rollen zum Leben und ernteten stehende Ovationen eines lachkranken Publikums. Da es sich bei den Darstellern um Pädagogen handelte, erfuhr "Willi" in ständig variierter Fassung zahllose Wiederaufführungen. Auf vielen Klassenfahrten mit allen Altersgruppen wurde "Willi" zu einem der Höhepunkte der gesamten Unternehmung.
Und nicht nur auf Klassenfahrten feierte das Konzept Erfolge. Hochzeiten, Jubiläen waren willkommene Anlässe, es mit neu ausgedachten Geschichten anzuwenden. Die Idee gedieh zum Aktionstheater.

Das vorliegende Buch möge vielen Verantwortlichen eine Hilfe zur Gestaltung geselliger Abende/Anlässe sein und einige darüberhinaus anregen, selbst dramatisch tätig zu werden.
Es könnten unsere elf "Dramen" zum Schneeball einer literarischen Lawine werden.
Dem Konzept sind schließlich keinerlei Grenzen gesetzt. Wie sagt doch Shakespeare im Sommernachtstraum: "Des Dichters Aug' in feinem Wahnwitz rollend, blitzt von der Erde zum Olymp."

Im Dezember 1992

Klaus Arp
Burkhard Blatt

Zum Gebrauch des Buches

Dem geneigten Leser dieses Buches wird schnell auffallen, daß die einzelnen Stücke eben nicht nur zur stillen Lektüre bestimmt sind sondern geradezu theatralische Aufführungen herausfordern.
So sollen an dieser Stelle einige allgemeine Hinweise erfolgen, die helfen können, Aktionstheater zu einem bleibenden Erlebnis werden zu lassen.

Viele gelungene Aufführungen von Stücken aus diesem Buch haben gezeigt, daß das Konzept an sich ein Selbstgänger ist. Dennoch fällt dem Bühnensprecher, der gleichzeitig die Funktion des Spielleiters hat, eine äußerst wichtige Rolle zu, da er der einzige ist, der das jeweilige Stück genau kennt.

Schon bei der Vorbereitung der Aufführung müssen einige wichtige Entscheidungen getroffen werden, denn Aktionstheater wird umso erfolgreicher, je besser es auf die jeweilige Aufführungsgruppe zugeschnitten ist.
Berührungspunkte sollten dabei zum gemeinsamen Erlebnishorizont der zukünftigen "Schauspieler" gefunden werden.
Dies fängt bei der Auswahl des Stückes an. Bezüge zu der jeweiligen Umgebung können hierbei hilfreich sein. Dabei muß beispielsweise ein Stück wie "Strandung vor Sylt" natürlich nicht unbedingt auf der Nordseeinsel aufgeführt werden. Der Ort der Handlung kann beliebig verändert werden. Eine größere Wasserfläche in der Nähe, notfalls auch eine gemeinsam durchgeführte Tretbootfahrt auf einem Baggersee, kann hier bei entsprechender Änderung des Titels einen sehr persönlichen Einstieg bieten.
Ebenso kann die Veränderung von Namen der Figuren in den Stücken wahre Beifallsstürme hervorrufen. So muß "Peter, der Platzhirsch" nicht unbedingt Peter heißen. Einen "Platzhirschen" hat doch schließlich jede Gruppe! (Er kann z.B. auch Helmut heißen.)

Die angegebenen Rollen in den Stücken sollten nach Möglichkeit alle besetzt werden. Sind nicht genug Darsteller vorhanden, können mehrere Rollen von einem "Schauspieler" übernommen

werden. Die Lektüre der "Dramen" zeigt jeweils, wo keine Überschneidungen auftreten. Notfalls muß der Spielleiter selbst mit aushelfen.
Selbstverständlich kann der Spielleiter auch zusätzliche Rollen einbauen, wenn mehr Darsteller auf der Bühne erforderlich sind.

Ansonsten gehört zu jedem Stück schließlich noch ein Chor, ein Echo oder eine Geräuschkulisse, Aufgaben, die das Publikum übernehmen kann. Selbstverständlich braucht Aktionstheater ein Publikum, das aktiv am Spielgeschehen beteiligt ist.
So sollten wiederkehrende Lautäußerungen des Publikums (Aaah, Oooh, ...) auf Handzeichen des Spielleiters erfolgen, was natürlich eine kleine Probe voraussetzt.
Häufig erscheint es auch angebracht, die angegebenen Musikstücke sinngemäß auszuwechseln. Da die Musik bzw. der Gesang von den Akteuren gemacht wird, sollte in keinem Fall darauf verzichtet werden.

Ist eine Bühnenaufteilung erforderlich, stehen entsprechende Hinweise bei den jeweiligen Stücken.
Eine wichtige Überlegung bei der Vorbereitung des Stückes betrifft die Besetzung der Rollen.
Eine Möglichkeit ist die geheime Auslosung. Die ausgelosten Darsteller geben sich hierbei erst zu erkennen, wenn der Spielleiter ihren Auftritt verkündet.
Interessant ist auch die Variante, zunächst den Schauspielern die handelnden Figuren bekanntzugeben. Nach der anschließenden Auslosung haben die Akteure die Möglichkeit, ihre Rollen zu tauschen. Hierbei wird es bei der Aufführung manche Überraschung geben, da eine vermutete Nebenrolle im Stück oft zu einer Hauptrolle wird.

Entscheidet sich der Spielleiter für das Losverfahren, sollte er sicher sein, daß sich jeder der Akteure auf jede Rolle einläßt.
Eine andere Möglichkeit ist die Besetzung der Rollen durch den Spielleiter. Passen bestimmte Typen der jeweiligen Gruppe zu vorgegebenen Rollen, ist dieses sicher eine reizvolle Variante.
Schließlich bieten sich noch Mischformen aus den angesproche-

nen Möglichkeiten an. So können zum Beispiel Hauptrollen direkt besetzt werden, während die anderen Rollen ausgelost werden.
Requisiten werden beim Aktionstheater in der Regel nicht zwingend benötigt. Einfache Hilfsmittel reichen allemal, um entsprechende Gegenstände anzudeuten. Sind bestimmte Requisiten zwingend erforderlich, sollten diese auf den Loszetteln angegeben oder vom Spielleiter bereitgestellt werden.
Haben die Schauspieler die Möglichkeit, sich aus einem gewissen Fundus, zum Beispiel aus einer Urlaubsgarderobe, zu bedienen, sollte ihnen nach der Besetzung der Rollen etwas Zeit gegeben werden, sich entsprechend auszustatten.

Doch nun genug mit den Vorbereitungen. Das "Drama" kann beginnen:
Der Spielleiter begrüßt das Publikum, zu dem natürlich auch zunächst die Schauspieler gehören, und erklärt den Anwesenden die Spielregeln etwa so: "Die Darsteller betreten die Bühne, wenn sie im Stück von mir genannt werden. Auf mein Zeichen werden die gesagten Handlungen gespielt, wobei der Kreativität der Schauspieler keine Grenzen gesetzt sind.
Dialoge werden von mir vorgegeben und dann vom entsprechenden Darsteller wiederholt. Heute Abend bei uns im Theater das Drama ".......".
Nun sollte der Spielleiter darauf achten, daß das Stück nach seiner erforderlichen kreativen Vorarbeit nicht einfach abgearbeitet wird. Hilfreich ist hier das im Text der Stücke auftauchende Symbol (✻). An diesen Stellen sollten die Darsteller genügend Zeit zum Handeln haben, oder sie dienen dazu, längere Wortbeiträge zu stückeln.
Mit entsprechendem Einfühlungsvermögen wird der Spielleiter nun einige Turbulenzen überstehen müssen - der Erfolg wird ihn aber belohnen!

Viel Spaß und

Vorhang auf für: ....

Aurora von Primelstein

Rollen

Aurora von Primelstein, reife Schönheit
Detlef von Durodont, Held
Dagobert von Schwarzburg, Fiesling
Sonja, die Sonne
Lotte, die Lerche
Helena, die Hirschkuh
Kati, das Kitz
Bettina, die Buche
Goldi, die gute Fee
Grufti, die böse Fee
Schaufler Schorsch
2 Elfen
1 Rappe
1 Schimmel

Hinweise zur Aufführung

Als Requisiten benötigt man für dieses Stück außer einer Decke für den Vorhang lediglich drei Stühle als "Steinbank".

Als charmanter Spielleiter sollte man nach der Aufführung Aurora einen Strauß Primeln überreichen. Analog dazu könnte eine Spielleiterin Detlef mit einem Pflaster aushelfen, da unser Held im Kampfe verwundet werden wird.

Die Rollen des Rappen und des Schimmels sollten durch tragfähige, kräftige Spieler besetzt werden.

Habt Ihr weitere Ideen?
Je barocker, desto besser!

Aurora von Primelstein

Ein Stück aus der Zeit, als Männer noch Männer und Frauen noch Frauen waren. Mit allseits bekannten Zutaten der Fauna und Flora Europas.

Der Vorhang, eine alte Pferdedecke,* wird zur Seite gezogen.*
Er gibt den Blick frei auf einen Wiesenhang am Rande eines prima Mischwaldes.
In der Ferne erkennt man das herrliche Schloß der Kurfürsten von Primelstein.
Publikum: "Aaaaah!"*
Sonja, die Sonne, klettert rotgolden über den Horizont.*
Sie lacht über alle vier Backen.*
Publikum: "Oooooh!"*

Am Waldesrand steht eine bemooste Steinbank.* Hinter dieser Steinbank ist gerade Bettina, die schlanke Buche, erwacht.*
Sie schüttelt ihre Äste,* öffnet ihre Knospen,* rauscht mit dem Blätterdach* und verkündet der Welt ihr Lieblingsmotto:

> "Wichtig ist's, daß alle Leute,*
> wilde Gatten, wilde Bräute,*
> unter Weiden Heiden meiden,*
> unter Linden Sünden finden,*
> unter Buchen Kuchen suchen,*
> aber niemals Fraun haun."*

Publikum: "Aber niemals Fraun haun!"*

Halt! Wer fliegt denn da? Lotte, die Lerche, tiriliert ihre Lebenslust in den blauen Himmel hinein,* umflattert Bettina in einer kühnen Kurve* und fliegt geradewegs in die aufgehende Sonne hinein.* Vorsichtig sichernd tritt Helena,* die Hirschkuh, aus dem Waldesdunkel,* freudig umsprungen von Kati, dem Kitz.*

Während Kati einer Frühlingsfliege nachjagt,* spricht Helena laut einen sie tief bewegenden Gedanken aus:

> "Ach Kati, ach Kati,*
> wer war doch bloß dein Vati,*
> ach, einsam eine Hirschkuh ist,*
> die viel zu viele Hirsche küßt."*

Publikum: "Iiiiih!"*

Kati, die Sorge der Mutter schauend, stellt sich keck vor diese hin✲ und ruft:

"Ach, Frau Mutter, daß Ihr's wißt,✲
ich möchte, daß der Schaufler✲
Schorsch mein Vater ist."✲

Helena fährt ihrem Kind liebkosend mit der Zunge über's Fell✲ und seufzt:

"Hach, der Schorsch,✲
hach, der Schorsch,✲
der war so herrlich forsch.✲
Ach wenn doch wieder, bitte sehr,✲
hierzulande Brunftzeit wär."✲

Publikum brüllt: "Hierzulande Brunftzeit wär!"✲
Äsend ziehn die zwei wieder dem Waldrand zu.✲

Da, schaut, zwei wunderschöne Elfen tanzen über die Wiese,✲ haschen nach Schmetterlingen✲ und lassen sich schließlich selig erschöpft auf der Steinbank im Schatten Bettinas nieder.✲ Sie kichern✲ und rufen dann:

"Hier, in diesem Frühlingsgarten,✲
wolln wir auf Aurora warten!"✲

Publikum: "Aaaaah!"✲
Es entsteht ein Augenblick spannungsgeladener Stille.✲

Und dann betritt Aurora von Primelstein hoheitsvoll die Szene.✲ Man sieht ihr an, daß wir uns in der Zeit des Barock befinden.✲ Wann hat man je soviel Holz gesehen? Eine prachtvolle Erscheinung.✲
Publikum: "Aaaaah! Oooooh! Aaaaah!"✲

Die Buche, die Sonne, die Tiere vernelgen sich vor ihr.✲ Lotte tiriliert wie wild.✲
Die Elfen tanzen Aurora entgegen und küssen sie auf beide Wangen.✲ Sie lassen sich neben der Steinbank nieder✲ und schauen die Prinzessin untertänig an,✲ die sich mit sorgenvoller, doch adeliger Mine✲ ihrerseits auf der Steinbank niederläßt.✲ Aurora seufzt so schrecklich,✲ daß alle Bühnenwesen und das Publikum mitseufzen.✲

Aurora spricht:

"Oh, Gott, was für ein schwerer Tag,✻
an den ich kaum zu denken wag.✻
Ich soll mich zwischen jenen beiden✻
heute nun total entscheiden.✻
Detlef, Detlef heißt der Held,✻
der mir früher nachgestellt,✻
der zu mir, was ich verschwieg,✻
in mein Himmelbettchen stieg.✻
Was Dagobert, oh, der verruchte,✻
leider Gottes nie versuchte."✻

Da, ein gar seltsam dunkles Wesen,✻ Grufti, die böse Fee,✻ schleicht herbei✻ und setzt sich beutegierig neben die hehre Frau.✻

Grufti spricht:

"Hi, hi,✻ um ihren Leib zu packen,✻
woll'n zwei mit Schwertern hacken. Hi, hi"✻

Publikum: "Iiiiih!"✻

Da, ein gar seltsam helles Wesen,✻ Goldi, die gute Fee,✻ tänzelt herbei und umarmt die traurige Prinzessin lächelnd.✻

Goldi spricht:

"Aurora, oh Aurora,✻
deines Leibes Flora,✻
wartete zu lange,✻
nun sei nicht länger bange.✻
Es müssen deine beiden✻
sich heut per Schwert entscheiden."✻

Da ruft Aurora:

"O.K., o.K., es soll geschehn,✻
ich will jetzt Action sehn!"✻

Kaum ist ihr Wort verklungen, da galoppiert Dagobert von Schwarzburg,✻ der größte Fiesling des Heiligen Römischen Reiches Deutscher Nation, auf einem bissigen Rappen auf die Lichtung.✻

Publikum: alle pfeifen: "Buh!"✻

Wiehernd steigt das Pferd vor der Prinzessin in die Höhe.*
Dagobert schwingt seine Lanze* und schreit mit fürchterlicher Donnerstimme:

"Guten Morgen!*
Obwohl Ihr ja den Detlef liebt,*
wisset, daß es mich noch gibt!*,
Es führt im Land kein bess'res Schwert*
als ich, der schwarze Dagobert!"*

Bevor Aurora antworten kann, schaut doch alle,* trabt Detlef von Durodont* auf die Prinzessin zu,* ein Strahlemann auf seinem temperamentvollen Schimmel.*
Publikum: alle jubeln, klatschen: "Bravo!"*

Mit glockenheller Stimme sagt er:

"Guten Morgen, meine Freunde."*

Publikum: alle: "Guten Morgen, Detlef!"*

Detlef: "Aurora, du, Aurora,*
mein Herz ist voller Minne,*
und so, in diesem Sinne,*
wird heute, daß es Dago spürt,*
mein blitzeblankes Schwert geführt."*

Während alle rhythmisch "Detlef! Detlef!" rufen,* gibt ihm Aurora einen ermutigenden Kuß,* einen sehr, sehr langen Kuß.*
Dagobert knirscht hörbar mit den Zähnen.*

Alles schart sich um den Kampfplatz.* Die Kämpfer nehmen einander gegenüber Aufstellung.* Die Visiere werden runtergeklappt.* Plötzlich herrscht Totenstille.*
Aufgeregt tänzeln die Pferde.*
Der Rappe wiehert heiser.*
Der Schimmel wie Heino.*

Da ertönen Fanfaren-Signale.*
Grufti schreit: "Dago, - mach ihn alle!"*
Alle anderen feuern Detlef an.*
Die Kämpen galoppieren aufeinander zu,* prallen auf-

einander.* Die Lanzen zersplittern.* Beide sind vom Pferd geworfen worden.* Sie liegen am Boden,* springen auf,* ziehen die Schwerter.*

Ein furchtbarer Kampf entbrennt.* Die Pferde bleiben schnaubend voreinander stehen.*
Detlef bekommt einen Stich ins Bein.* Doch unverdrossen kämpft er weiter.* Da, Dagobert wankt,* verliert sein Schwert,* liegt am Boden.* Detlef setzt ihm seine Klinge an die Kehle.* Ohrenbetäubender Jubel ertönt.* Detlef setzt ihm einen Fuß auf die Brust* und läßt einen wunderschönen Siegesruf ertönen:

"Holladijühü!"*

Grufti stürzt auf Dagobert zu* und hilft ihm, heftig schimpfend, von der Szene.*
Aurora sinkt in eine sinnliche Umarmung mit Detlef.*
Alle Bühnenwesen umringen die Liebenden,* reichen sich die Hände* und tanzen glücklich und selig den Hochzeitswalzer.*

Doch da, - was ist das?

Publikum: "Wie, was, was ist los?* Ist nicht Schluß?"*
Nein! Schorsch, der Damschaufler,* zehn Zinken am Geweih,* betritt die Szene* und läßt sein schönstes Röhren hören.*
Helena schreit:

"Kati, oh Kati,*
dein Vati, dein Vati!"*

und hüpft auf Schorsch zu.*

Goldi geht auf die beiden zu,* fügt ihre Vorderhufe zusammen* und sagt: "Was die Brunft mal vereint hat, soll das Schicksal nicht trennen."*
Publikum: "Oooooh! Bravo!"*

Sprecher:

"Nun schaut doch dieses Bild,
vereint sind Mensch und Wild.
Nun reichet euch die Hände!
Das Stück, es ist zu Ende."

Und während sich auf der Bühne alles herzt und küßt,* verkündet der Sprecher:

"Vorhang zu!"*

Aurora und zwei Elfen.

Wiehernd steigt der Rappe ...

Detlef und Dagobert galoppieren aufeinander zu ...

Helena: "Kati! Oh Kati! Dein Vati! Dein Vati!"

Schorsch, der Damschaufler, zehn Zinken am Geweih ...

Eine Dschungelgeschichte

Rollen

Vorhang
Sonja, die betörende Tropensonne
Bea, die Boa Destructa
Tarzan
Jane
Einige Urwaldriesen (Teak oder Mahagoni)
Lisa, die Liane
Manfred, der Medizinmann der Pygmäen
Einige Pygmäen
Publikum (jede Menge Papageien, Trommeln, Geräusche)

Hinweise zur Aufführung

Schauplatz dieses Stücks ist ein Pygmäendorf irgendwo in Tarzan-Land.

Die Urwaldriesen sollten auf der Bühne so plaziert werden, daß sie den Blick auf den Dorfplatz freigeben (eine Bühnenhälfte). Damit die Szenerie authentisch wirkt, müssen Teak- und Mahagonibäume gut gemischt werden. Die Hütten um den Dorfplatz sollten nur gedachte Bauwerke sein, um nicht unnötig den Raum für die Tanzszenen einzuschränken.

Der Spielleiter sollte bei der Rollenverteilung berücksichtigen, daß einige der Akteure eine körperlich anspruchsvolle Aufgabe vor sich haben.

Dieses Stück eignet sich besonders für spontane Aufführungen, da keine Requisiten benötigt werden. Auch Tarzan wird das Problem seiner Verkleidung sicher ohne zusätzliche Hilfsmittel lösen können. Der eine oder andere Striptease trägt sicher zur allgemeinen Erheiterung bei.

Eine Dschungelgeschichte

Es ist Nacht im Dschungel.
Nur die Geräusche des Waldes und seiner Tiere sind zu hören.✻
Es ist so dunkel, daß es zunächst nicht stört, daß der Vorhang geschlossen ist.✻

Doch da - was ist das?

Hinter dem Vorhang geht Sonja, die betörende Tropensonne, auf.✻
Sie gibt dem Vorhang einen langen Kuß.✻
Zum Publikum gewandt, spricht sie:

"Oft braucht man mich wirklich nicht,✻
als gedämpftes Tropenlicht.✻
Weil ich manchen Spaß vermisse,✻
ich den alten Vorhang küsse."

Die Papageien bestätigen die Aussage.✻

Daraufhin geht der Vorhang Arm in Arm mit Sonja ab✻ und singt:

"Eh' ich mich veräppelt fühle✻
und hier noch den Vorhang spiele✻
hau ich mit der Sonne ab✻
und mach Bubu und dann schlapp."✻

Sie verschwinden hinter einigen Urwaldriesen✻ und beginnen eine Diskussion über den § 218.✻

Da der Morgen jetzt naht, werden die Geräusche des Dschungels lauter.✻
Lisa, die Liane, rankt sich von Baum zu Baum✻ und wünscht jedem einen herzhaften "Guten Morgen".✻
Da sie dieses mit Leidenschaft tut, erschüttern die Bäume bis ins Teak und Mahagoni.✻
Sie sprechen:

"Wenn die Lisa ohne Hast✻
uns an uns're Zweige faßt,✻
und das tut mit viel Gefühl✻
wird der Tropenmorgen schwül."✻

Die Papageien bestätigen die Aussage:

"Wird der Tropenmorgen schwül."✻

Manfred, der Medizinmann, tritt aus seiner Hütte in den frischen Morgen hinaus.✻
Er zieht gerade den Reißverschluß seiner Jeans hoch,✻ die er während seiner letzten Vortragsreise in München erstand.✻
Aus anderen Hütten gesellen sich ihm weitere Männer seines Stammes zu.✻
Man begrüßt einander auf Pygmäenart,✻ indem man ständig "Hula Bulu Bulu" sagt✻ und einander in den Hintern tritt.✻

Mit einer abrupten Handbewegung beendet Manfred die Begrüßung und verkündet das Tagesmotto der Pygmäen:

"Wenn du ißt, dann machst du Aa,✻
wenn du trinkst, dann machst du Lulu,✻
Hala, Hala, Balla, Balla,✻
Hulu, Hulu, Bulu, Bulu."✻

Begeistert wiederholen die Papageien dieses Motto.✻

Den Rhythmus des Verses greifen die Trommeln auf.✻
Die Pygmäen beginnen im Kreis zu tanzen.✻

Von diesem Lärm angelockt, schlängelt sich Bea, die Boa Destructa, die Riesenschlange, auf den Dorfplatz.✻
Die Pygmäen flüchten in Panik hinter die Urwaldriesen.✻
Lisa, die Liane, nimmt die Gelegenheit wahr, die Frisuren der Pygmäen nach Läusen abzusuchen.✻

Manfred kennt vor Schlangen keine Furcht und spricht zu Bea:✻

"Bea, oh, du Riesenschlange,✻
vor dir ist mir gar nicht bange.✻
Schön, daß ich dich heut erwische,✻
da ich gerne Gifte mische!✻
Für die Menschen, all die morschen✻
muß ich doch als Doktor forschen.✻
Dürfte ich am frühen Morgen✻
von dir mal das Gift ausborgen?"✻

Mit diesen Worten wirft sich Manfred auf Bea,✻ reißt ihr das Maul auf✻ und zapft das Gift aus ihrem Zahn.✻ Die Papageien feuern Manfred nach Papageienart an.✻ Die Pygmäen sind von ihrem Medizinmann begeistert und trommeln sich mit den Fäusten auf die Brustkörbe.* Dann beraten sie sich kurz in der Landessprache.* Sie haben an diesem Dschungelmorgen schon viel erlebt. Daher legt man sich unter die Bäume zur Siesta* und deckt sich mit dem Vorhang zu.*

Bea, nunmehr entgiftet, schlängelt hohlwangig* in den Schutz des nächsten Baumes, wo sie sich beleidigt zusammenrollt.* Manfred setzt sich vor die Hütte* und beginnt ein neues Naturheilmittel anzurühren.* Er rührt den Löffel zum Rhythmus des Verses:

> "Froscheshaut und Hirn der Krähe,*
> Hundedreck und Knoblauchzehe,*
> Blattspinat und Würfelzucker,*
> gegen Rülpser und Verschlucker,*
> Sahnequark und Schlangengift,*
> daß man 16 Meter schifft,*
> dies geschluckt und ohne Jammer,*
> holt den Hammer aus der Kammer!"*

Doch da, - was ist das? Ein dumpfes Plumpsen.*

Das müßte Tarzan sein. In der Tat! Dort, zwischen den Bäumen, rappelt er sich mühsam auf.* Er humpelt auf den Dorfplatz* und spricht mit wehleidiger Stimme:

> "Klettern war mal meine Lust,*
> jetzt bereitet es mir Frust,*
> fühl ich mich auch noch so munter,*
> ich plumps von den Bäumen runter."*

Die Urwaldriesen biegen sich vor Lachen.* Die Papageien kreischen vor Vergnügen.* In diesem Moment tänzelt Jane auf den Dorfplatz* und stellt sich in herausfordernder Pose vor Tarzan hin:*

> "Einstmals törntest du mich an,*
> als ein Mann mit allem dran,*
> ob geschürzet oder nackt,*
> heute bist du nur ein Wrack."*

Mag Tarzan auch muskulär nicht ganz bei Kräften sein, so ist er doch immer noch schlagfertig:

"Du, die nach Athleten fragt,*
die die Gier nach Muskeln plagt,*
wisse, meinen Lebenssaft,*
pumpe ich aus Geisteskraft,*
auch wenn es dir gar nicht schmeckt,*
wichtig ist der Intellekt."*

Manfred schnuppert an seinem Gebräu,* frohlockt* und spricht zu den Kontrahenten:

"Ob es Herbst ist oder Lenz,*
stets ist wichtig die Potenz.*
Trinkst du diesen Schlangensaft,*
stärkt er deine Manneskraft!"*

Tarzan ist natürlich auch in seiner Entschlußkraft geschwächt.* Außerdem ist er gegen Doping.* Jane sind diese Vorbehalte fremd.* Sie fährt ihren Freund unwirsch an: "Nun sauf doch, du Schlappschwanz!"*
Auch die Papageien wollen Aktion sehen und skandieren: "Sauf doch, sauf doch ...!"*

Durch diesen Druck läßt sich Tarzan überreden,* greift das Gefäß* und stürzt das Getränk hinunter;* er verschluckt sich,* hustet* und dann geht eine Veränderung mit ihm vor: die Arme werden länger,* der Kopf sackt nach vorn,* die Knie drehen nach außen,* der Unterkiefer schiebt sich vor,* die Lippen stülpen sich zum imaginären Kuß* - kein Zweifel: Tarzan ist zum Schimpansen geworden.* Er will ein Statement abgeben,* schafft dies allerdings nur in der Schimpansensprache.* Sein Redefluß kennt keine Grenzen.*

Jane ist fassungslos.* Um in dieser prekären Situation überhaupt etwas zu sagen, spricht sie: "Du sollst jetzt Schimmi heißen."*
Vor Freude springt Schimmi zwischen die Urwaldriesen* und klaut den Pygmäen den Vorhang.* Diese schrecken hoch* und jagen den flotten Affen durch den Wald.*

Mitten auf dem Dorfplatz erwischen sie ihn und beginnen, Schimmi zu umtanzen:*

"Hule, hule, Affe, Affe,*
balli, balli, Schimmi, Schimmi,*
happa, happa, bu, bu, bu,*
Affen brauchen keine Schuh."*

Angesichts dieser Lebensfreude fühlt Jane Neid in sich aufsteigen.* Wie jede Frau, will natürlich auch sie von den Pygmäen umtanzt werden.*
Sie springt auf Manfred zu,* ergreift den Zaubertopf* und nimmt einen tiefen Zug.* Atemlose Stille. Nur Janes Schlucken ist zu hören.* - Sie setzt den Topf ab* - und: die Arme werden länger,* der Kopf sackt nach vorn,* die Knie drehen nach außen,* der Unterkiefer schiebt sich vor,* die Lippen stülpen sich zu einem imaginären Kuß* - kein Zweifel: Jane ist zur Schimpansin geworden.*

Manfred, verblüfft über die Wirkung seines Trunkes,* spricht: "Du heißt jetzt Anna-Frieda."*
Schimmi läßt den Vorhang los* und zieht Anna-Frieda in den Kreis.* Während Schimmi Anna-Frieda zunächst nach Schimpansen-Art untersucht,* beginnt der Tanz der Pygmäen von neuem:*

"Hule, hule, Affe, Affe,*
du bist Affe, nicht Giraffe,*
hulu, hulu, halla, halla,*
oh, my baby, balla, balla!"*

Der Tanz wird wilder,* die Papageien singen mit.* Die Trommeln schlagen im Takt.*

Manfred beschließt, angesichts der Ereignisse über seine Arbeit nachzudenken.* Er schnappt sich den Vorhang* und zieht sich mit ihm Richtung Sonja zurück.* Die beiden beginnen sofort eine Diskussion über Sinn und Unsinn von Tierversuchen in der Medizin.*

Doch da, - was ist das?

Bea, die Boa Destructa, richtet sich zischelnd auf.* Sie kann wieder dicke Backen machen.* Ihr Giftdepot ist frisch gefüllt.* Ihr kommt ein schwarzer Rachegedanke.* Sie nähert sich Manfred.* Ihre Augen werden größer und größer,* während ihr Blick den Manfreds festhält.*

Manfred versucht, sich der Hypnose zu erwehren,*
doch umsonst!* Die Schlange hat ihn in ihrem Bann.*
Der Medizinmann steht starr.*

Bea testet den Hypnosezustand.*
Sie hebt ein Bein.* Manfred auch.* Sie spricht:

"In diesem Zustand der Hypnose*
beiß ich jetzt in deine Hose,*
pumpe Gifte in dein Bein,*
sollst jetzt auch ein Affe sein."*

Bea schlängelt zur Tat,* beißt zu* und siehe da: Manfreds Arme werden länger,* sein Kopf sackt nach vorn,* die Knie drehen nach außen,* der Unterkiefer schiebt sich vor,* die Lippen stülpen sich zu einem imaginären Kuß.*

Er versucht, mit Sonja weiter zu diskutieren,* da er jedoch nur noch schimpansisch redet,* klappt die Kommunikation nicht mehr.*
Sonja spricht: "Also,* mit Affen rede ich nicht,* echt!* Du heißt jetzt Alfred.* Hau ab."*

Alfred trollt sich zu den anderen Affen.* Anna-Frieda und Schimmi beginnen, auch ihn zu lausen.* Die Pygmäen tanzen.* Der Vorhang sitzt bei Sonja und schüttelt mit dem Kopf.* So einen Schwachsinn hat er noch nie gesehen. Er spricht: "So langsam frag ich mich:* was soll ich in diesem Stück?* Verarschen kann ich mich auch alleine."*
Die Bäume nicken eifrig zustimmend: "Genau,* unsere Meinung!* Verarschen kann er sich auch alleine."*

Die Pygmäen, mittlerweile schlapp vom Tanzen,* stehen mit hängenden Zungen da.* Gemeinsam haben sie folgende Erkenntnis:

"Wir vom Stamme der Pygmäen*
können jetzt sehr deutlich sehen,*
daß, so wie die Sache steht,*
die Tendenz zum Affen geht.*
Hulu, hulu, halla, halla,*
oh, my baby, balla, balla."*

Auch die Papageien sind dieser Meinung:

"Oh, my baby, balla, balla."*

Auch als Affe hat Alfred, früher Manfred, nicht die Zauberkraft über seinen Pygmäenstamm verloren.* Beschwörend umtanzt er sie.*
Seine Pygmäen beginnen zu mutieren.* Wir wissen schon, wie: die Arme werden länger,* die Köpfe sacken nach vorn,* die Knie streben nach außen,* die Unterkiefer schieben sich vor,* die Lippen stülpen sich zu imaginären Küssen.* Ein wildes Getobe beginnt.* Die Papageien sind begeistert.* Sie singen:

"Die Affen rasen durch den Wald,*
der eine macht den andern kalt,*
die ganze Affenbande brüllt:*
wer hat die Kokosnuß geklaut?"*

Der Vorhang, der das alles kopfschüttelnd mit angeschaut hat,* gibt Sonja einen Kuß* und spricht: "Du kannst ja nichts dafür,* es wird Zeit,* daß ich auch mal was unternehme."*
Sonja tritt ihm in den Hintern,* so daß der Vorhang nach vorne stolpert.*

Der Bühnensprecher zeigt auf ihn und spricht:

"Was ihn hier so furchtbar schlaucht,
ist, daß man ihn sehr mißbraucht.
Und dennoch:
Schaut er in die Waldesflur,
schauet er Schimpansen nur!
Ach, vielleicht hat dadurch endlich
dieser Wald vor Menschen Ruh.
......
Danke für die Beifallsstürme!*

Lieber Vorhang, - geh jetzt zu."

Zum ersten Mal nimmt der Vorhang seine Vorhang-Funktion wahr* - und geht zu.*

Manfred zu Bea:
"Dürfte ich am frühen
Morgen
von dir mal das Gift
ausborgen?"

Wenn die Lisa ohne Hast
uns an unsere Zweige faßt,
und das tut mit viel Gefühl,
wird der Tropenmorgen schwül..."

Froscheshaut und Hirn der Krähe,
Hundedreck und Knoblauchzehe ...

Doch da - was ist das? Ein dumpfes Plumpsen. Das müßte Tarzan sein: "Fühl ich mich auch noch so munter, ich plumps von den Bäumen runter."

Tarzan nimmt den Schlangentrunk ...

... die Arme werden länger,
der Kopf sackt nach vorn,
die Knie drehen sich nach außen ...

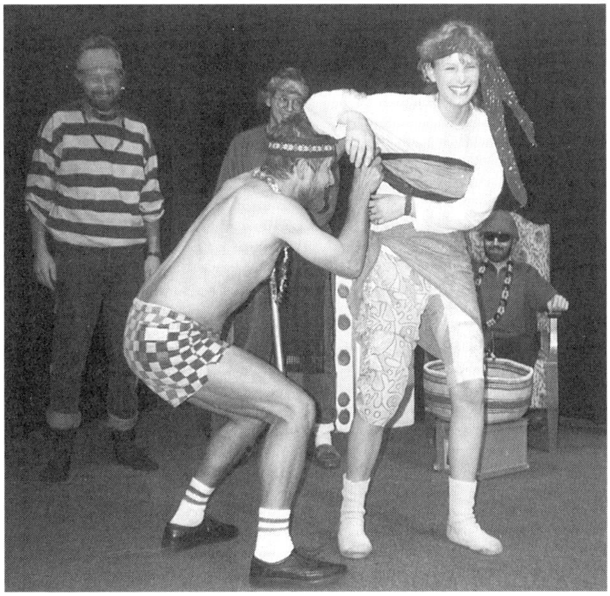

Schimmi
untersucht Anna-Frieda
nach Schimpansenart.

Hule, hule, halla, halla,
oh, my baby, balla, balla ...

Willi, der Wilddieb

Rollen

Vorhang
Einige Tannen
Vogelpaar
Willi, die Wildsau
Peter, der Platzhirsch
Schneewittchen
Einige Zwerge
Hansi, das Häschen
Einige Hasenkinder
Försterhaus
Des Försters Liesel
Willi, der Wilddieb
Böe
Fritz Forstmann
Echo (Chor)

Hinweise zur Aufführung

Dieses Stück lebt hauptsächlich von der darstellenden Handlung. Dialoge sind kaum vorhanden. Deshalb sollten die Mitwirkenden nach Möglichkeit die Gelegenheit haben, sich durch entsprechende Verkleidungen auf die Aufführung vorzubereiten, um in ihren Rollen wirklich überzeugen zu können.

Unverzichtbar ist, daß das Försterhaus eine "Fensterbank" hat (vgl. Foto S. 40), daß Willi, der Wilddieb, seine Identität mit einem Personalausweis zweifelsfrei feststellen kann und daß "Gewehre" (gleich welcher Erscheinungsform) für ihn und Fritz Forstmann zur Verfügung stehen.

Bei dem Lied sollte die erste Strophe mit den Echowiederholungen unbedingt zu Ende gesungen werden, da eigentlich jeder in die Falle am Strophenende tappt, vielleicht ja auch der Spielleiter.

Willi, der Wilddieb

Der Vorhang geht auf.*
Ruhig liegt der Wald, die Tannen wiegen sich sanft im lauen Spätsommerwind.*
Der Vollmond geht hinter den Bäumen auf* und erleuchtet mit sattem Gelb die Szene.*

Nur vereinzelt ist das - wenn auch etwas verspätete - Balzverhalten eines Vogelpaares zu vernehmen.* Willi, die Wildsau, testet fröhlich erregt schnüffelnd das Unterholz* und trollt sich von dannen.

Peter, der Platzhirsch, betritt sichernd die Lichtung* und läßt sein erhabenes Röhren vernehmen: "Röhr."*
Ein fernes Echo erschallt: "Röhr, röhr."*

Doch da, - was ist das?

Ein bildschönes Mädchen mit ebenholzschwarzem Haar und Lippen rot wie Blut tritt durch die Tannen.* Das muß Schneewittchen sein!*
"Hat denn keiner meine sieben Zwerge gesehen?"*
Schneewittchen sucht eifrig.* "Oh, da sind ja welche!"*
Schneewittchen herzt ihre Lieblinge* und läßt sich von Ihnen in eine dunkle Ecke des Waldes entführen.*

Dabei wird Hansi, das Häschen, aufgeschreckt* und hüpft, an einer Karotte knabbernd, durch das taufeuchte Gras.* Die Hasenkinder hoppeln lustig hinterher.* Schließlich verstecken sie sich unter den Tannen.*

Neben den Tannen steht ein altes Försterhaus mit einem schönen Giebel.*
Des Försters Liesel tritt an das Fenster,* öffnet es* und legt ihre Dinger auf die Fensterbank.* Die alten Balken des Försterhauses stöhnen: "Ah!"*
Das ferne Echo ächzt: "Ah!"*

Willi, der Wilddieb, schleicht durch den Wald* und nähert sich verstohlen mit geladener, jedoch gesicherter Büchse dem Försterhaus.*
Unsicher, aber mit erregter Stimme, flüstert Liesel: "Willi?"*

Zögernd schallt es zurück: "Ja."✻
Liesel: "Willi, bist du es?"✻
Willi prüft diese Frage gewissenhaft✻ und antwortet schließlich: "Ja, gewiß doch."✻
Liesel: "Echt geil!"✻
Willi entsichert seine Büchse✻ und tritt Liesel mit sehnsuchtsvoll ausgebreiteten Armen entgegen.✻

Doch da, - was ist das?

Eine Böe erschüttert den Wald.✻
Fritz Forstmann, Liesels leibhaftiger Vater, kommt von der Pirsch zurück✻ mit dem Lied auf den Lippen: "Ein Jäger aus Kurpfalz"✻
Das Echo tönt: "Ein Jäger aus Kurpfalz"✻
Fritz: "Der reitet durch den grünen Wald"✻ ...
Echo: "Der reitet durch den grünen Wald"✻ ... usw.
Er erblickt seine Tochter in den Armen von Willi, dem Wilddieb.✻
Er reißt seinen Vorderlader, hatte er doch soeben seine Tochter dem Oberbezirksratsforstvorsitzenden zur Frau versprochen, von der Schulter✻ und legt an.✻
Ein Schuß knallt: "Bumm."✻
Das ferne Echo antwortet: "Bumm."✻
Die Kugel durchschlägt Willis Brustkorb von hinten✻ und trifft Liesel mitten zwischen die Dinger.✻
Mit letzter Kraft zieht Willi Liesel an sich,✻ dann brechen beide zusammen.✻

Fritz Forstmann sieht, was er angerichtet hat✻ und richtet seinen Vorderlader auf sich.✻
Ein weiterer Schuß fällt: "Bumm."✻
Das Echo antwortet: "Bumm."✻
Fritz Forstmann bricht über den Kindern zusammen.✻

Stille breitet sich über dem Wald aus,✻ die Tannen wiegen sich sanft im lauen Abendwind.✻ Schneewittchen sucht verzweifelt nach dem Rest ihrer Zwerge.✻

Hansi, das Häschen, hoppelt auf seinen alten Platz zurück;✻ es hat keinen Hunger mehr.✻ Die Hasenkinder folgen mit hängenden Ohren.✻

Peter, der Platzhirsch, kommt von der Schicht zurück✻ und stößt traurig sein erhabenes Röhren aus: "Röhr, röhr."✻
Von fern erschallt ein trauriges Echo: "Röhr, röhr."✻
Willi, die Wildsau, scharrt versonnen im Unterholz✻ und trollt sich mit hängendem Schwanz davon.✻
Die verspäteten Balzrufe des Vogelpaares erklingen betroffen.✻
Der Vollmond geht hinter den Tannen unter.✻

Der Vorhang geht zu.✻

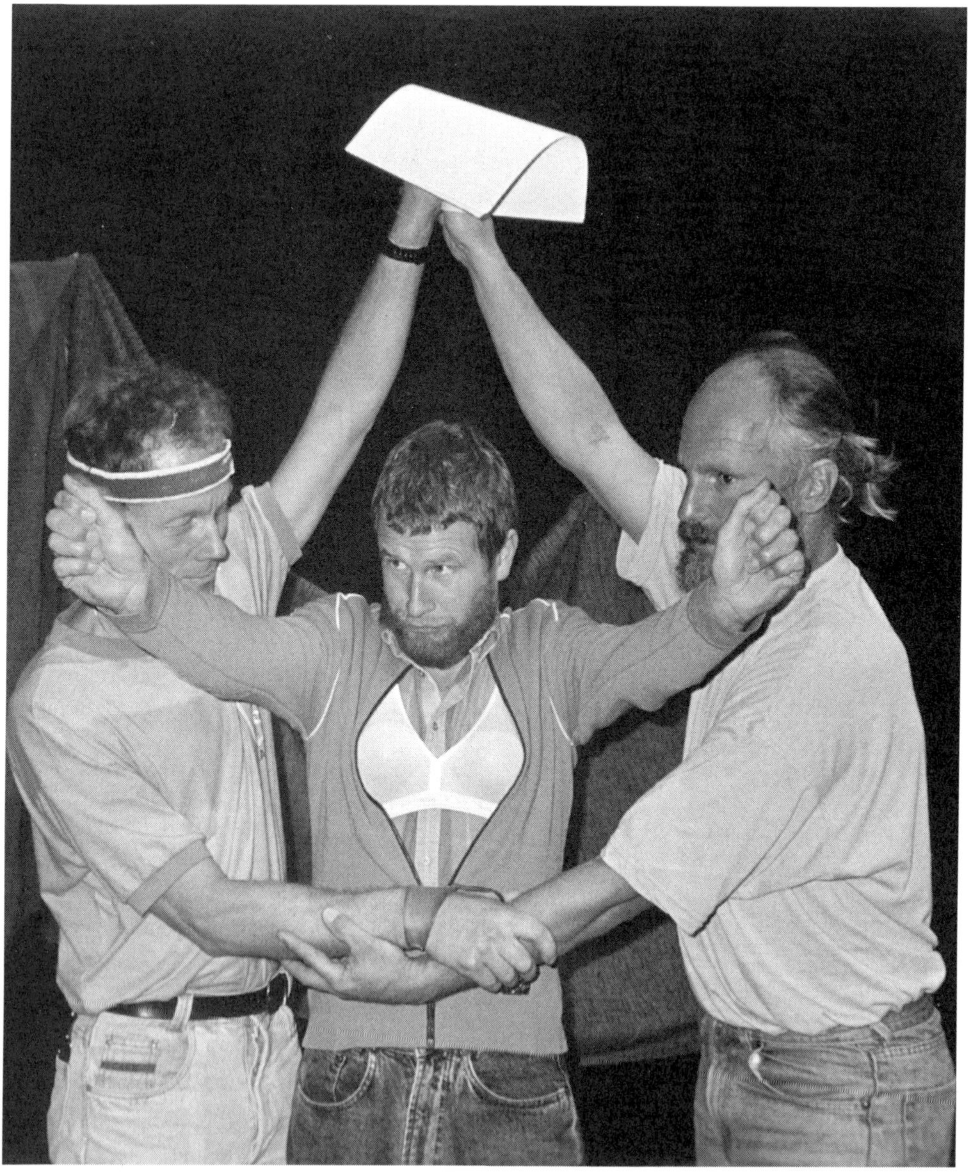

Des Försters Liesel tritt an das Fenster, öffnet es, und legt ihre Dinger auf die Fensterbank.

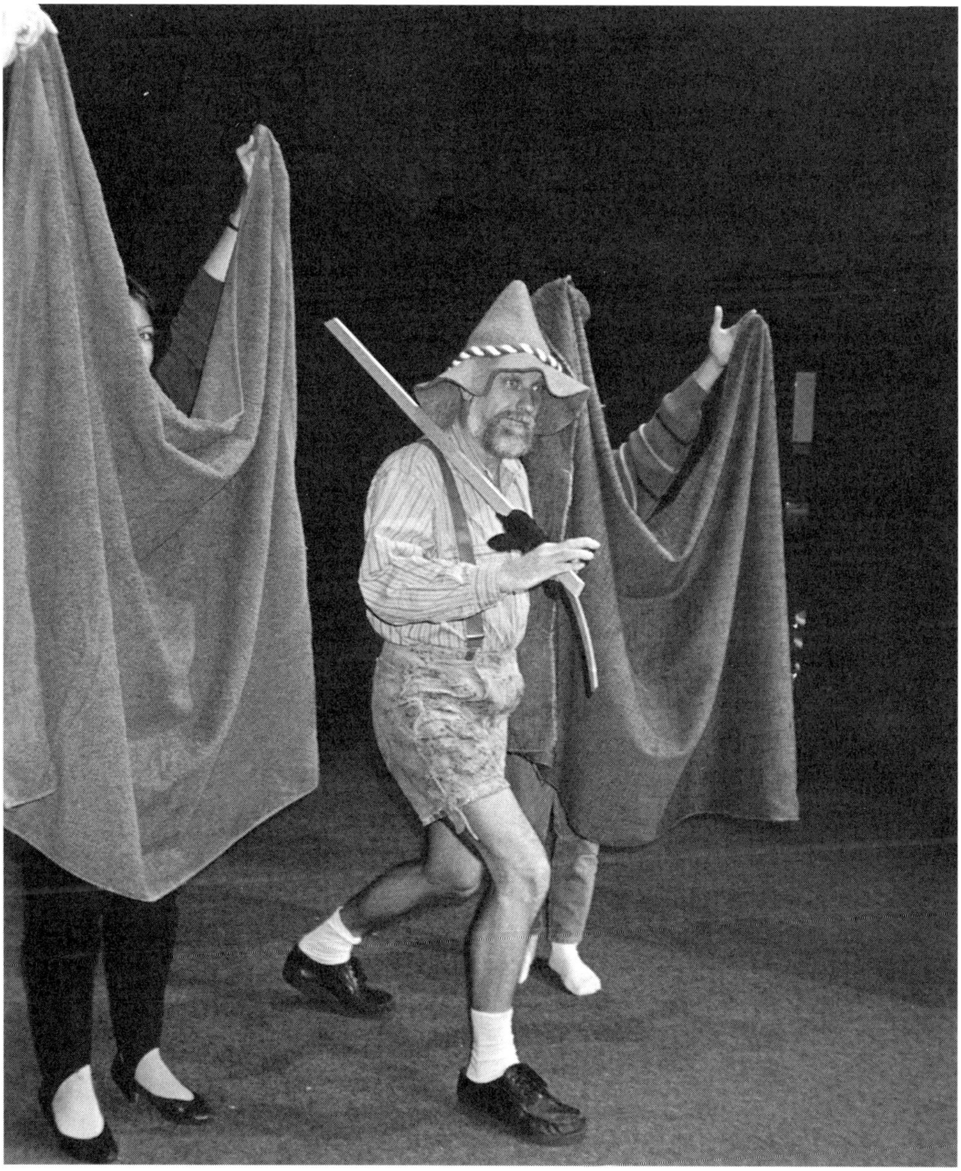

Fritz Forstmann kommt von der Pirsch zurück.

Olaf,
der Ölscheich

Rollen

Vorhang
Venus
Scirocco
Hansi, die Hyäne
Karla, die Kokospalme
Olaf, der Ölscheich
Gustaf, der Großwesir
Winfried, der Windhund
Zwei Musiker
Johnny, der Jongleur
Schorsch, der Schwertschlucker
Macho, der Muskelmann
Belinda, die Bauchtänzerin
Klaus, der Kameltreiber
Rosi, das Rennkamel
Manfred, der Muezzin
Eberhard, der Eunuch
Franziska, die französische Fremdenverführerin,
Elvira, das englische Edelfräulein
(Publikum: Geräusche, Wüste)

Hinweise zur Aufführung

Da dieses Drama in exotischer Umgebung spielt, lohnt es sich, den Schauspielern die Möglichkeit zu geben, sich zu verkleiden. Dieses kann durch einfachste Requisiten wie Tücher oder Laken geschehen.

Unverzichtbare Requisiten sollten auf den Rollen-Losen besonders vermerkt werden. Beispiel: Karla, die Kokospalme, mit Kokosnuß; Schorsch, der Schwertschlucker, mit Schwert. Natürlich sollten Elvira und Franziska einen Bauchnabel besitzen. Da die Hauptrollen in diesem Stück (vor allen anderen: Olaf) einen großen Anspruch an die Kreativität der darstellenden Person stellen, sollten diese gezielt besetzt werden. Die Handlung auf der Bühne führt oft zu unvorhergesehenen Situationen. So ist der Bühnensprecher ständig gefordert, flexibel auf die Interpretationskunst der Schauspieler zu reagieren.

Olaf, der Ölscheich

Der Vorhang geht auf.*
Es ist Nacht im Morgenland. Wir befinden uns in einem märchenhaften orientalischen Beduinenzelt. Die Venus leuchtet rötlich über der arabischen Wüste.* Durch die mondlose Nacht heult ein scharfer Scirocco.*

Die Hyäne Hansi heult hungrig himmelwärts.*
Am Zelteingang steht Karla, die Kokospalme,* deren Krone ordentlich vom Wind durchgeschüttelt wird.*
Plötzlich fällt eine Kokosnuß aus ihrer Krone.*

Im Zelt lagert Olaf, der Ölscheich, schläfrig auf einem Diwan.*
Zu seiner Rechten hockt Gustaf, der Großwesir.*
Er ist eingeschlafen.*

Winfried, der Windhund, lehnt sich zu Olafs Linken an dessen Knie.*
Weil es sehr heiß ist, muß er stark hecheln.*
Gelegentlich leckt er Olaf ergeben die Hand,* dann hechelt er wieder.*

Zwei arabische Hofmusikanten sitzen in einer Ecke und stimmen ihre exotischen Instrumente.*
Johnny, der Jongleur, demonstriert seine Kunst, um den Scheich zu unterhalten.*

Olaf gähnt jedoch gelangweilt und schnippt mit dem Finger.*
Großwesir Gustaf schreckt hoch* und ruft: "Hinweg, nichtswürdiger Ballistiker, du langweilst den Scheich!"*
Und weiter: "Wo ist Schorsch, der Schwertschlucker?"*
Alle im Zelt rufen: "Schorsch, Schorschi!"*

Schorsch betritt majestätisch das Zelt.*
Er hebt sein Schwert theatralisch hoch.*
Die Musiker versuchen einen Trommelwirbel.*
Selbst Olaf richtet sich gespannt auf.*
Schorsch verschluckt langsam sein Schwert.*
Da bekommt er einen Hustenanfall.* Er bricht zusammen, windet sich am Boden, läuft rot an und stirbt.*

Tusch der Musiker.*

Olaf schüttelt den Kopf und spricht: "Großwesir, entferne diesen Versager."*
Gustaf winkt,* und Macho, der massige Muskelmann, schleppt den toten Schorsch hinaus.*

Da hat Gustaf einen genialen Gedanken.* Er spricht: "Allah sei mit dir,* oh Olaf,* du Löwe von Babylon,* Herr über Horden von Haremsdamen,* mächtiger Mufti,* laß Tanz und Musik* Auge und Ohr betören."*
Olaf nuschelt: "So sei es."*
Gustaf spricht: "Musiker,* Meister der Töne,* Zauberer der Klänge,* spielt auf zum Tanz."*
Und nach draußen weiter: "Holt Belinda, die Bauchtänzerin, herbei."*
Die Musiker beginnen eine wilde Melodie,* während Macho Belinda hereinführt.*

Sie verneigt sich tief vor Olaf* und beginnt zur Musik ihren erotischsten Bauchtanz,* den sie gerade in der Volkshochschule gelernt hat.
Die Zuschauer im Zelt beginnen rhythmisch zu klatschen.*
Olaf gerät in Verzückung,* bis er schließlich aufspringt und mit Belinda tanzt.*
Die Musik wird immer ekstatischer,* bis beide Tänzer erschöpft übereinander zu Boden sinken.*
Die Musik endet in einem rasenden Akkord.*

Olaf seufzt seelig: "Oh Belinda,* du Beherrscherin bebender Bewegungen* und rollender Rundungen,* ich möchte dich belohnen!"*
Er spricht zu Gustaf gewandt: "Rufe Klaus, den krummbeinigen Kameltreiber,* er soll Rosi, mein Rennkamel, herbringen."*
Gustaf, der Großwesir, schreit in die Nacht hinaus: "Wo ist der kernige Klaus,* kraftstrotzender Kameltreiber des mächtigen Scheichs?"*

Auf Rosi, dem Rennkamel reitend,* trabt Klaus in das Zelt,* springt ab* und wirft sich vor Olaf in den Wüstenstaub.*

Olaf spricht: "Höre,* bewegende Belinda,* zum Dank für deine Kunst* schenke ich dir Rosi* und Klaus noch dazu.*
Übrigens,* mein Schlafzelt ist das dritte von links!"*
Belindas Augen weiten sich in Panik,* doch dann wirft sie sich dankbar schluchzend Olaf zu Füßen.*
Er tätschelt ihren Po.*

Belinda erhebt sich und besteigt Rosi.* Und Klaus führt beide hinaus, während er das Lied singt:

"So ein Bauchtanz,* der ist lustig,*
so ein Bauchtanz,* der ist schön,*
jeder sollte in der Freizeit*
in die Bauchtanzgruppe gehn."* (Melodie: Seefahrt)

Dabei blökt Rosi.*

Da ertönt vom hohen Minarett der Ruf von Manfred, dem Muezzin: "Allah il Allah,* die Stunde des Gebets ist gekommen."*
Alle im Zelt werfen sich gen Osten zu Boden* und beten heftig.*
Manfred betet währenddessen die 13. Sure des Korans.*
(Korrektur des Bühnensprechers: "Das ist die 8. Sure, Mensch!"*)
Manfred wieder: "Allah il Allah,* erhebt euch."*
Auf allen Gesichtern ist Lächeln.*

Plötzlich geht Macho,* tiefe Bücklinge machend,* zu Gustaf* und flüstert in dessen Ohr.*
Gustaf spricht erfreut: "Oh, mein Scheich!* Eberhard, der Eunuch, ist zurückgekehrt.*
Er hat Anwärterinnen für die freien Planstellen in eurem Harem mitgebracht."*
Olaf, freudig erregt: "Schnell,* führt diese freien Planstellen herein."*

Eberhard schreitet herein.* In seinem Gefolge befinden sich Franziska, die französische Fremdenverführerin, und Elvira, das englische Edelfräulein.* Beide kichern aufgeregt.*
Die eine auf Englisch,* die andere auf Französisch.*

Olaf stöhnt: "Oh,* oh,* oh."*
Eberhard spricht: "Hier, edler Scheich,* bringe ich euch zwei wohlgeformte Edelfrauen."*
Olaf erwidert: "Dank, oh Eberhard!* Nun aber schnell die Eignungsprüfung!"*
Olaf scheint sehr aufgeregt.*

Gustaf tritt hervor,* verneigt sich* und spricht: "Verehrte Anwesende,* laßt uns die Neulinge prüfen,* ob ..."*
Olaf unterbricht: "Schneller, schneller!"*
Gustaf fährt fort: " ...sie geeignet sind,* die Stunden der Muße* unseres gnädigen Scheichs* zu verkürzen."*
Im Hintergrund stöhnt Olaf leise.*
Gustaf: "Das entscheidende Kriterium ist ..."*
Olaf freudig: "Der Bauchnabel!"*
Alle Anwesenden jubeln.*

Macho bringt zwei Teppiche herein,* breitet sie aus* und legt die Mädchen darauf.*
Olaf spricht: "Macht die Bauchnäbel frei!"*
Die Mädchen kommen diesem Befehl widerwillig, doch folgsam nach.*
Eberhard, der Eunuch, spricht: "Schaut, lieber Scheich, wie diese Näbel lächeln!"*
Olaf lächelt beiden Näbeln zu.* Die Näbel lächeln zurück.*

Gustaf spricht: "Unser erhabener Scheich* wird nun prüfen,* ob die Bauchnäbel Rechts- oder Linksgewinde haben,* denn Linksgewinde muß es sein."*
Olaf nähert sich zunächst Franziska, der französischen Fremdenverführerin,* und faßt ihr zartes Knöpfchen mit Daumen und Zeigefinger.*
Franziska sagt: "Mon Dieu, Mon Dieu!"*
Dieses scheint darauf hinzudeuten, daß der Nabel Linksgewinde hat.
Olaf spricht mit Freude: "Merci beaucoup, Franziska!"*
Franziska antwortet akzentfrei: "Quelle honneur!"*

Darauf wendet sich Olaf Elvira, dem englischen Ekel-, Verzei-

hung, Edelfräulein, zu.* Wiederum beginnt die Prüfung.*
Ist es Rechts- oder Linksgewinde?
Olaf prüft* und stellt lakonisch fest: "Der klemmt."*
Elvira sagt: "Love me tender!"*
Worauf Olaf, des Englischen mächtig, sagt: "Fuck off!"*
Der Nabel scheint nicht nur zu klemmen, sondern auch Rechtsgewinde zu haben.*
Und es fragt Gustaf: "Nun, erhabener Scheich,* wie lautet euer Urteil?"*

Doch da, - was ist das?

In diesem Moment setzt ein schauerliches Grummeln ein,* der Boden beginnt erst zu vibrieren,* dann zu schwanken,* die Zeltwände stürzen ein.* Ein gräßliches Erdbeben erschüttert die Wüste.* Der schwankende Boden läßt alle im Zelt übereinander stürzen.*
Ein schreckliches Stöhnen und Jammern beginnt,* steigert sich immer mehr* und endet kläglich.*
Plötzlich ist es im wahrsten Sinne des Wortes totenstill.*
Von Ferne hört man Hansi, die Hyäne.*
Ein Festmahl wartet auf sie.*
Die Wüste ruft: "Mahlzeit!"*
Hansi lächelt.*

Der Vorhang geht zu.*

Olaf und Winfried, der Windhund.

Hier, edler Scheich, bringe ich euch zwei wohlgeformte Edelfrauen.

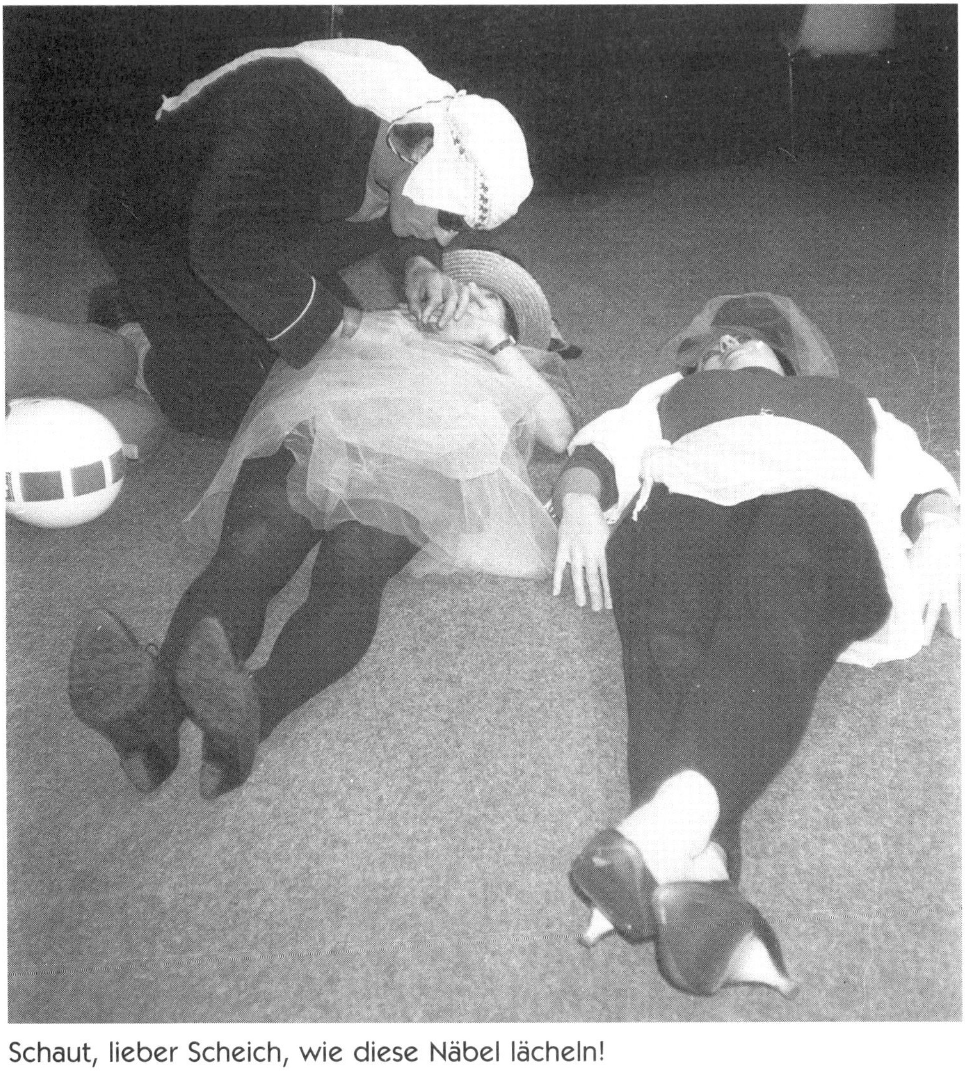

Schaut, lieber Scheich, wie diese Näbel lächeln!

Walter, der Vampir

Hinweise zur Aufführung

Die beiden folgenden Stücke sind zwei Variationen einer Vampirgeschichte.

Sie wurden anläßlich zweier Hochzeiten aufgeführt. Hauptpersonen beider Aufführungen waren natürlich die jeweiligen Brautpaare. Es galt, sie nach folgendem Handlungsmuster ins Stück einzubauen: Die Braut verirrt sich in Transsylvanien, wird durch den Vampir bedroht; der Bräutigam erscheint - deus ex machina - auf der Szene und rettet die Angebetete aus den Klauen des Unholds - Happy End!

Die Handlungsweise der Brautleute wurde mit Rücksicht auf ihre bestimmten Eigenheiten, Berufe, Hobbies gestaltet. Das Publikum wurde in die Aufführung mit einbezogen, d.h. auf verabredete Handzeichen des Regisseurs hatte es bestimmte Geräusche (Aaah! Oooh! Iiih!) zu artikulieren. Die Publikumsaktion wurde vor Beginn des eigentlichen Stückes kurz geprobt.

Im ersten Fall (Textvariation 1) heiraten zwei Leistungssportler, eine Basketballerin und ein Wassersportler (Windsurfer und Schwimmer), im zweiten Fall (Textvariation 2) heiraten eine Krankengymnastin und ein Oberstudienrat (Sportlehrer).
Bis zu der Textstelle "Harald wird zur Sichel" sind Textvariation 1 und Textvariation 2 identisch.

Es wird durch die beiden Textbeispiele deutlich, daß sich das Handlungsmuster beliebig übertragen läßt. Der Spielleiter muß für eine solche Spielsituation natürlich evtl. notwendige Requisiten bereithalten.

Rollen

Vorhang
Harald, der Halbmond
2-3 Bäume des Waldes
Bruno, der Bergwind
Rodolfo, der Rabe
Fritz, der Fuchs
Kuno, das Karnickel
Detlef, der Damhirsch
Karl Korb, der Geist - verstorbener
Nestor aller Basketballerinnen
Walter, der Vampir
Beate, die ballsichere, dribbelstarke Basketballerin
Peter, der wuchtige, wassergewandte Windsurfer,
hinter den Ohren hoffentlich trocken

Requisiten

1 Speedsail (eine Art Skateboard auf Ballonrädern)
1 Basketball
evtl. 1 Stuhl, auf den der Mond steigt
Personen/Mitspieler können unbegrenzt zusätzlich eingebaut werden, z.B.: Eule, Fledermaus, Dachs, Gespenster, Frankensteins Monster usw.
Entsprechend ist das Manuskript zu verändern.

Walter, der Vampir (1)

Der Vorhang geht mit gewissen Schwierigkeiten auf.*
Kein Wunder. Es fällt ihm schwer, den Blick freizumachen
auf die schauerlichste Landschaft, die Europa zu bieten hat:
auf Transsylvanien!

Es ist Abend. Kaum etwas zu erkennen.
Stockdunkle Nacht.
- So hat das keinen Zweck. -
Vorhang, los, geh wieder zu ...*
... Nein, halt,* geh wieder auf!* Wir bekommen jetzt Licht!
Denn Harald, der Halbmond, geht allmählich,* so richtig
halbmondmäßig, auf.*
Er zeigt sein fahles Antlitz über einer Lichtung des transsylvanischen Bergwaldes.*
Publikum: "Aaaaah!"*

Wir erkennen jetzt Einzelheiten. Dort stehen Bäume.* Düster,
mit hängenden Zweigen.* Echte Horrorfichten.*
Horcht! Jetzt geben sie ein Rauschen von sich.* Denn ...
... Bruno, der kalte Bergwind, zerrt pfeifend an ihren Kronen.*
Die grauenvollen Fichten schütteln bedrohlich ihre Tannenzapfen.*
Publikum: "Iiiiih!"*

Bruno heult eine kalte Botschaft über die Lichtung:

"Ich bin der kalte Bruno,*
ganz furchtbar kalt im Juno;*
und wer sich in den Wald reintraut,*
der kriegt von mir 'ne Gänsehaut."*

Publikum: "Halt's Maul!* Das Stück soll weitergehen! Hinfort!*
Du bist nicht Hauptperson!"*
Beleidigt zieht sich Bruno zwischen die Bäume zurück.*

Rodolfo, der Rabe, der sich immer bei Hitchcock bewerben will
aber nicht weiß, wo der wohnt, flattert krächzend über den
nächtlichen Himmel.* Er läßt sich auf einer Horrorfichte nieder* und verkündet mit heiserer Stimme:

"Das Stöhnen und das Ächzen,*
das Schlabbern und das Lechzen,*

ist gar nichts gegen Krächzen,*
das Krächzen,*
das Krächzen."*

Rodolfo hält inne.* Er schaut nach links unten.*
Kuno, der kleine Karnickelbock, hoppelt auf die Lichtung,* stoppt* und macht Männchen.* Angstvoll blickt er um sich.* Nicht ohne Grund. Fritz, der Fuchs, ist hinter Kuno her.* Mit steil aufgerichtetem Fuchsschwanz,* spurtstark wie ein 80er Manta, saust er herbei.* Kuno flieht* ... immer im Kreis herum geht die wilde Jagd ...*
Publikum: skandiert: "Kuno, Kuno ..."*

Kann Kuno entkommen? Da: Fritz ist gestolpert* - Kuno rennt auf den Halbmond zu* - Harald spreizt die Beine* - das Tor der Rettung - Kuno rennt hindurch* - Harald schließt die Beine.* Fritz steht vor verschlossener Tür.* Hungrig heult er zu Harald hoch.* Dann klagt er in die Nacht hinaus:

"Die Welt ist bös,*
die Welt ist schlecht,*
und auch noch völlig ungerecht.*
Erstens hab ich nie gesehn,*
daß Monde auf zwei Beinen stehn,*
zweitens läßt der Mond, dies Schwein,*
mich nicht durch seine Beine rein."*

Publikum: Applaus: "Bravo, Harald!"*

Fritz verstummt,* denn ein König des Waldes betritt die Szene: Detlef, der Damhirsch.*
Dieser stolze, leidenschaftliche Kopf,* vier stämmige Läufe,* Schaufeln wie Klosettdeckel,* sechzehn Enden,* ein bildschöner Wedel:* Detlef, der Damhirsch, läßt sein prachtvolles Röhren erschallen.* Er wirft das gehörnte Haupt in den Nacken* und öffnet das Maul ...*
Publikum: "Aaaaah! Aaaaah!"
Die Tiere des Waldes lachen.*

Böse schaut Detlef ins Publikum.* So was kann er nicht ab. Veräppeln kann er sich alleine. Seine Intentionen sind von hohem Niveau und das wird er uns gleich demonstrieren. Er streckt den rechten Vorderlauf nach schräg rechts oben✻ und verleiht seinen amourösen Gefühlen Ausdruck:

"Hella, herrliche Hirschkuh,✻
brünftig braucht dich Detlef,✻
der drahtige Damhirsch."✻

Detlef lauscht,✻ der Wald, der rauscht✻, Detlef lechzt,✻ Rodolfo krächzt,✻ - sonst nichts! Traurig läßt Detlef die Schaufeln hängen✻ und verschwindet zwischen den Bäumen.✻

Doch da, - was ist das?

Bruno heult,✻ Detlef röhrt,✻ Kuno knörzt,✻ Harald wird zur Sichel.✻
Beate, die betörende Basketballerin, kommt mit ihrem Lieblingsbasketball auf die Lichtung gedribbelt.✻
Publikum: "Aaaaah! Oooooh!"

Alle Wesen des Waldes schauen sich verwundert an.✻ Harald wird zum Vollmond.✻
Publikum: "Nanu,✻ na so was,✻ das ist Beate!"✻

Beate unterbricht den Dribbelvorgang✻ und schaut sinnend in Haralds Gesicht.✻ Man sieht es ihr an: Sie denkt über die Ehe nach.✻ Mit ausgebreiteten Armen✻ spricht sie:

"Oh Mond, oh Mond,✻
der himmlisch thront,✻
da droben, weit entfernt im All,✻
so wie ein großer Basketball.✻
Ich liebe ihn, ich liebe ihn,✻
ach, nur nach Peter steht mein Sinn."✻

Publikum: "Was? Wieso?✻ Warum?✻ Der ist doch Wassersportler!"✻

Auf diese Frage des Volkes scheint ER nur gewartet zu haben.✻ ER? - ER, der Geist Karl Korbs, des Nestors aller Basketballerinnen. ER schwebt vom Himmel nieder.✻ Mit tiefer, sonorer Stimme verkündet ER den Rat, den ER vor Jahren unserer Beate gab:

"Young girl,*
never marry a basketball player!*
He always dribbles*
before he shoots!"*

Publikum: "Iiiii!"*

Karl Korb pivotiert ganz kurz,* hebt dann ab* und entschwebt wieder.*
Beate ruft dem Geist nach:

"Danke, Karl!*
Für einen, der wie du gedribbelt,*
ist's schade, daß er abgenibbelt."*

Dann prellt sie ihren Ball wiederum,* setzt an zu einem Korbleger* und - merkt, daß sie gar nicht in der Turnhalle sondern in Transsylvanien ist.* - Sie schreit auf.*

Alle Wesen des Waldes lachen.*
Beate ruft voller Angst: "Ich habe mich verirrt!"*
Auf diesen Moment scheint Walter, der Vampir, nur gewartet zu haben.* Mit hämischem Grinsen tritt er von hinten an Beate heran.* Er spricht, mit Blick auf den Hals der Jungfer:*
"Guten Abend, schöne Jungfer.* Wohin des Wegs, du Wunder der Natur?"*
Beate schluchzt: "Ach, ach,* ich habe mich total verdribbelt.* Nun ist es Nacht und ich friere sehr."*
Furchtbar klingt Walters Lachen:*

"Harr, harr,* harr, harr.*
Sorge dich nicht, schöne Jungfrau.*
In dieser Nacht, der kalten,*
will ich der Wärme walten.*
Dein Hals ist ohne Falten,*
der soll dir nicht erkalten.*
Harr, harr."*

Walter fletscht seine Zähne,*
putzt sie kurz und kräftig,*
dann umfängt er die Schöne,*
seine Zähne nähern sich ihrem Halse.*
Publikum: "Buuh!" Pfeifen!*

Aufruhr herrscht im Walde,✻ Bruno heult und schüttelt die Bäume,✻ Rodolfo krächzt,✻ Fritz kläfft,✻ Kuno knörzt,✻ Detlef röhrt ...✻
Beate ruft verzweifelt: "Hilfe, hilfe,✻ Peterlein, mein Wassersportler, hilf!"✻

Doch da, - was ist das?

Im letzten Moment rollt Peter, der Wahnsinnswassersportler, auf einem Speedsail auf die Lichtung.✻
Seine Stimme erklingt in Gelsenkirchener Diktion:

"Wilder Walter, Würgevampir,✻
weiche von jenem Weibe, eh!✻

Er springt vom Speedsail,✻ packt den Walter im Genick✻ und verkündet der Welt:

"Wilder Walter, nimm die Zähne✻
aus des Mädels Hochzeitsmähne!✻
Vampir, Vampir, du mußt wissen,✻
die wird nur von mir gebissen."✻

Beate sinkt an die Brust des Geliebten und haucht:

"Oh Peter, oh du mein Wassersportler."✻

Da herrscht Jubel im Walde,✻ JUBEL ...✻

Alle Wesen des Waldes treten auf die Liebenden zu✻ und heben sie auf den glänzenden Speedsail.✻
(Der Spielleiter sollte in diesem Moment die Schauspieler zum Gruppenphoto ordnen).
Ein wunderschönes Bild präsentiert sich dem Publikum:✻
Ein Paar auf dem Gipfel des Glücks in Harmonie mit der Natur.✻
Sprecher:

"Das Bildnis eines großen Glücks
ist auch das Ende dieses Stücks.
Vereint in Liebe hier am Ort
sind Basketball und Wassersport."

Der Vorhang geht zu.✻

zur Textvariation 2

Rollen

Vorhang
Harald, der Halbmond
2-3 Bäume des Waldes
Bruno, der Bergwind
Rodolfo, der Rabe
Fritz, der Fuchs
Kuno, das Karnickel
Detlef, der Damhirsch
Walter, der Vampir
Anne, die kernige Krankengymnastin
Eberhard, der oberscharfe Oberstudienrat

Requisiten

evtl. 1 Stuhl, auf den der Mond steigt
Personen/Mitspieler können unbegrenzt zusätzlich eingebaut werden, z. B.: Eule, Fledermaus, Dachs, diverse Gespenster, Frankensteins Monster usw. Entsprechend ist das Manuskript zu verändern.

Hinweise zur Aufführung

Bis zur Textstelle "Harald wird zur Sichel" ist die Textvariation 2 mit der Textvariation 1 von "Walter, der Vampir" identisch. Weitere Aufführungshinweise siehe dort.

Anmerkung

Ochsenmarktskamp ist die Straße, in der die Brautleute wohnen.

Walter, der Vampir (2)

Der Vorhang geht mit gewissen Schwierigkeiten auf.*
Kein Wunder. Es fällt ihm schwer, den Blick freizumachen
auf die schauerlichste Landschaft, die Europa zu bieten hat:
auf Transsylvanien!

Es ist Abend. Kaum etwas zu erkennen.
Stockdunkle Nacht.
- So hat das keinen Zweck. -
Vorhang, los, geh wieder zu ...*
... Nein, halt,* geh wieder auf!* Wir bekommen jetzt Licht!
Denn Harald, der Halbmond, geht allmählich,* so richtig
halbmondmäßig, auf.*
Er zeigt sein fahles Antlitz über einer Lichtung des transsylvanischen Bergwaldes.*
Publikum: "Aaaaah!"*

Wir erkennen jetzt Einzelheiten. Dort stehen Bäume.* Düster,
mit hängenden Zweigen.* Echte Horrorfichten.*
Horcht! Jetzt geben sie ein Rauschen von sich.* Denn ...
... Bruno, der kalte Bergwind, zerrt pfeifend an ihren Kronen.*
Die grauenvollen Fichten schütteln bedrohlich ihre Tannenzapfen.*
Publikum: "Iiiiih!"*

Bruno heult eine kalte Botschaft über die Lichtung:

> "Ich bin der kalte Bruno,*
> ganz furchtbar kalt im Juno;*
> und wer sich in den Wald reintraut,*
> der kriegt von mir 'ne Gänsehaut."*

Publikum: "Halt's Maul!* Das Stück soll weitergehen! Hinfort!*
Du bist nicht Hauptperson!"*
Beleidigt zieht sich Bruno zwischen die Bäume zurück.*

Rodolfo, der Rabe, der sich immer bei Hitchcock bewerben will
aber nicht weiß, wo der wohnt, flattert krächzend über den
nächtlichen Himmel.* Er läßt sich auf einer Horrorfichte nieder* und verkündet mit heiserer Stimme:

> "Das Stöhnen und das Ächzen,*
> das Schlabbern und das Lechzen,*

ist gar nichts gegen Krächzen,*
das Krächzen,*
das Krächzen."*

Rodolfo hält inne.* Er schaut nach links unten.*
Kuno, der kleine Karnickelbock, hoppelt auf die Lichtung,* stoppt* und macht Männchen.* Angstvoll blickt er um sich.* Nicht ohne Grund. Fritz, der Fuchs, ist hinter Kuno her.* Mit steil aufgerichtetem Fuchsschwanz,* spurtstark wie ein 80er Manta, saust er herbei.* Kuno flieht* ... immer im Kreis herum geht die wilde Jagd ...*
Publikum: skandiert: "Kuno, Kuno ..."*

Kann Kuno entkommen? Da: Fritz ist gestolpert* - Kuno rennt auf den Halbmond zu* - Harald spreizt die Beine* - das Tor der Rettung - Kuno rennt hindurch* - Harald schließt die Beine.* Fritz steht vor verschlossener Tür.* Hungrig heult er zu Harald hoch.* Dann klagt er in die Nacht hinaus:

"Die Welt ist bös,*
die Welt ist schlecht,*
und auch noch völlig ungerecht.*
Erstens hab ich nie gesehn,*
daß Monde auf zwei Beinen stehn,*
zweitens läßt der Mond, dies Schwein,*
mich nicht durch seine Beine rein."*

Publikum: Applaus: "Bravo, Harald!"*

Fritz verstummt,* denn ein König des Waldes betritt die Szene: Detlef, der Damhirsch.*
Dieser stolze, leidenschaftliche Kopf,* vier stämmige Läufe,* Schaufeln wie Klosettdeckel,* sechzehn Enden,* ein bildschöner Wedel:* Detlef, der Damhirsch, läßt sein prachtvolles Röhren erschallen.* Er wirft das gehörnte Haupt in den Nacken* und öffnet das Maul ...*
Publikum: "Aaaaah! Aaaaah!"
Die Tiere des Waldes lachen.*

Böse schaut Detlef ins Publikum.* So was kann er nicht ab. Veräppeln kann er sich alleine. Seine Intentionen sind von hohem Niveau und das wird er uns gleich demonstrieren. Er streckt den rechten Vorderlauf nach schräg rechts oben* und verleiht seinen amourösen Gefühlen Ausdruck:

"Hella, herrliche Hirschkuh,*
brünftig braucht dich Detlef,*
der drahtige Damhirsch."*

Detlef lauscht,* der Wald, der rauscht*, Detlef lechzt,* Rodolfo krächzt,* - sonst nichts! Traurig läßt Detlef die Schaufeln hängen* und verschwindet zwischen den Bäumen.*

Doch da, - was ist das?

Bruno heult,* Detlef röhrt,* Kuno knörzt,* Harald wird zur Sichel.*

Anne, die kernige Krankengymnastin, von erfrischender Jugend und guter Figur, lustwandelt auf die Lichtung.* Sie trägt ein Blümlein in der Hand,* zupft die Blütenblätter aus* und singt:

"Verdammt, ich mag ihn, ich mag ihn nicht,*
verdammt, ich lieb ihn, ich lieb ihn nicht,*
verdammt, ich will ihn, ich will ihn nicht verliern."*

Publikum: Applaus!*

Anne denkt natürlich an Eberhard, den oberscharfen Oberstudienrat, dem sie ihr junges Herz schenkte. Jetzt schaut sie sinnend in den Mond.* Sie lockert ihre kräftigen Unterarme,* dreht sich um,* ballt die Hände zu Fäusten,* hebt diese zum Mund* und deklamiert:

"Nichts ist Gold, und nichts ist Knete,*
nichts der Reichtum, den man kennt,*
gegen Oberstudienräte, die man zärtlich
Bubi nennt."*

Publikum: Rast vor Begeisterung!*

Anne schaut sinnend in die Runde.*
Angstvoll weiten sich ihre Augen.*
Ein Schrei entringt sich ihrer großen Brust:* "Ich habe mich verirrt.* Wo bin ich?* Dies ist keine Massagepraxis."*
Publikum: äußerst lautstark bedauernd: "Oh, furchtbar,* was wird sie tun?"*

Es ist jetzt Mitternacht. Auf diesen Moment scheint Walter, der Vampir, nur gewartet zu haben.* Mit grausigem Grinsen tritt er vampirartig,* so richtig voll vampirmäßig,* von hinten an Anne heran.* Seine Stimme kreischt:

"Guten Abend, schönes Wesen!*
Kannst du nicht die Zeichen lesen?*
Die da sprechen Blut und Mord?*
Dieses ist ein kalter Ort.*
S' ist kein Garten voll Geranien,*
- dies ist schließlich: - Transsylvanien!"*

Anne, von Schluchzern geschüttelt,* tränenblind,* vertraut sich dem Unhold an:

"Gottogott, wo soll ich hin,*
wenn ich tief im Walde bin?"*

Plötzlich verfällt sie in eifrige Alltagsprosa:
"Ich bin von Schloß Ochsenmarktskamp* und ging nur in den Wald,* ein Sträußchen Vergißmeinnicht zu pflücken."*
Publikum: "Aaaaah!"*
"... für meinen Herzens-Bubi ..."*
Publikum: "Oooooh!"*
"... den oberscharfen Oberstudienrat ..."*
Publikum: "Oooooh!"*
"... nun ist es Nacht,* und ich friere und fürchte mich."*
Walter lacht mit Blick auf Annes Hals:*

"Harr, harr,* harr, harr,*
sorge dich nicht, warmes Weib,*
mit Lippen rot wie Blut,*
mit einem Hals, so weiß wie Schnee,*
dein Anblick tut mir gut.*
Harr, harr, harr, harr."*

Publikum johlt und pfeift: "Buh, Blutsauger!"*

Auch die Wesen des Waldes, selbst der Vorhang, protestieren lauthals.* Kein Grund für Walter, das Vorspiel zu beschleunigen.* Er massiert jetzt den großen Rückenmuskel der schönen Maid,* damit Annes Hals länger wird.* Anne läßt es willenlos geschehen.*

Doch da, - was ist das?

Wer pirscht da durchs Gebüsch? Federnden Schrittes pirscht Eberhard, der oberscharfe Oberstudienrat, am Rande der Lichtung entlang.✲ Plötzlich entdeckt er das Publikum.✲ Ein Lächeln erhellt seine kernigen Züge.✲ Im Licht des Mondes zeigt er dem Publikum und den Wesen des Waldes seine breiten Schultern.✲
Publikum: "Aaaaah! Oooooh!"✲

"Ich bin ein Oberstudienrat,✲
der schärfste auf der Welt,✲
der Wohnmobil und Power hat✲
und Damen sehr gefällt.✲
Doch morgen führ ich Annie heim,✲
dann, Freunde, ist's vorbei,✲
dann sind mir alle andern Fraun✲
egal und einerlei."✲

Publikum: Kichert, tuschelt und spendet dann donnernden Applaus.✲

Mittlerweile hat Annes Hals durch Walters Massage den Punkt längster Ausdehnung erreicht.✲ Walters Zähne nähern sich ihrem Halse.✲ Nur noch schwach tönt Annes Hilferuf: "Bubi, Buuubiii!"✲

Eberhard wirbelt herum.✲ Ein Oberstudienrat seines Schlages hat natürlich auch oberscharfe Ohren.✲ Er sieht die entsetzliche Lage seiner Geliebten.✲ Verzweifelt sucht er in seiner Hosentasche nach einer Trillerpfeife.✲ Mist, nicht da!✲ Abpfeifen geht also nicht. Er muß handgreiflich werden.✲ Mit einem Grätschwinkelsprung katapultiert er sich mitten auf die Lichtung.✲

Seine Stimme donnert:

"Wilder Walter, Wahnsinnsvampir,✲
weiche von jenem Weibe!"✲

Er packt den wilden Wüstling am Wickel✲ und wirft ihn wirbelnd in den Wald.✲

Publikum: skandiert: "Ebi, Ebi!"✻ - trampelt begeistert mit den Füßen.✻
Er stößt den Siegesruf aller Oberstudienräte aus:
"Jodeldudeldö!"✻
Anne sinkt an die Brust des Geliebten✻ und haucht:
"Oh, Bubi, du Starker!"✻
Eberhard sagt in ihr schönes Haar hinein:
"Annie, mein alles."✻
Dann donnert seine Stimme in Richtung Walter, der sich die Hüfte massiert:✻

> "Wilder Walter, du mußt wissen,✻
> sie wird nur von mir gebissen!✻

Die Wesen des Waldes, auch der Mond, selbst der humpelnde Walter, formen einen Kreis um das Paar✻ und stimmen das Lied an:

> "Hoch soll'n sie leben ..."✻

Und während das Publikum begeistert mitsingt,✻ geht der Vorhang zu.✻

Dein Hals
ist ohne Falten,
der soll dir
nicht erkalten ...

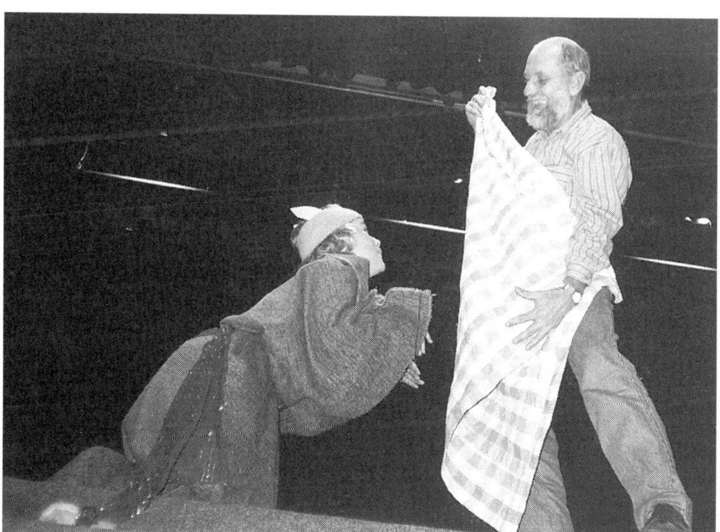

Fritz, der Fuchs,
heult Harald,
den Halbmond
an:
"... Zweitens
läßt der Mond,
dies Schwein,
mich nicht durch
seine Beine rein!"

Nordisches Wintermärchen

Rollen

Eira, die Elchkuh
Friedjof, der Fjellgnom
Svenja, die Schüchterne
Kaminfeuer
Jacob, der Jäger
Rainer, das rasende Rentier
Vier alte Birken
Vier Schlittenhunde
Schneetreiben
Publikum (Geisterstimmen, Glöckchen)

Hinweise zur Aufführung

Das folgende Stück spielt in einer Hütte auf dem norwegischen Fjell und deren Umgebung.

Die gedachte Fjellhütte, man kann sie natürlich auch spielen lassen, sollte so abgegrenzt werden, daß für die turbulente Handlung im Wald genügend Bewegungsraum vorhanden ist.

Als Requisite benötigt man lediglich einen Stuhl für Svenja.

Die Zahl der Schlittenhunde sollte der der Birken entsprechen.

Nordisches Wintermärchen

Der Vorhang geht auf.✳

In einer einsamen Fjellhütte an einem Berghang sitzt ein wunderschönes Mädchen✳ vor dem lodernden Kaminfeuer.✳ Es ist Svenja, die Schüchterne. Da sie gut erzogen ist, nippt sie nordisch vornehm an einer heißen Tasse Tee✳ und verbrennt sich die Zunge.✳ Sie flucht leise.✳

Das Kaminfeuer schaut mitfühlend zu ihr auf✳ und versucht, durch besonders heftiges Lodern Svenja abzulenken.✳ Svenja, die Schüchterne, lächelt erfreut das Feuer an.✳
Sie spricht:

"Oh Feuer im Ofen,✳
du Trost in der Öde,✳
der Tee war zu heiß✳
und ich bin zu blöde."✳

Das lodernde Feuer ist beglückt, daß es Svenja trösten konnte und strahlt noch mehr Wärme ab.✳
Es spricht:

"Oh Svenja, mein Liebling,✳
du meine Schöne✳
wenn ich nur könnte,✳
schenkt' ich dir Söhne."✳

Svenja, die Schüchterne, ist von der Sympathie des Feuers tief bewegt und zieht sich die Socken aus.✳

Eine geisterhafte Stimme tönt durch die Hütte:

"Seit Tagen getragen,✳
war Teil ihrer Kluft,✳
doch manchmal da brauche✳
auch ich frische Luft,✳
es ist zwar ganz schrecklich,✳
nun bin ich allein,✳
doch manchmal ist's besser,✳
fußlos zu sein."✳

Beleidigt durch diesen Spruch schmeißt Svenja die Socken in die

Ecke.

Draußen am Hang neben der Hütte stehen einige alte Birken.✻
Da das Klima sehr rauh ist, wirken sie etwas verschrumpelt.✻
Ein wildes Schneetreiben tobt durch den Wald.✻ Der Sturm
bricht einige verrottete Zweige ab, die auf den Boden fallen.✻
Die Sicht wird immer schlechter. Eira, die Elchkuh, stapft durch
den Schnee✻ und legt sich zufrieden vor die Hütte.✻
Sie spricht:

"Dieses Wetter ist ein Segen.✻
Käm auch er mir hier entgegen,✻
könnt kein Jäger mich erlegen.✻
Ich will nun meine Schaufeln pflegen!"✻

Eira beginnt mit der Pflege ihrer Schaufeln.✻

Doch da, - was ist das?

Rainer, das rasende Rentier, zieht rasend den Rennschlitten von
Jacob, dem Jäger, gekleidet in waidgerechte Lodenklamotten,
durch den rauschenden Sturm.✻
Jacob, angetörnt durch die wilde Jagd, brüllt in den Wald:

"Klötert's in der Lodenhose,✻
ist bestimmt ein Hoden lose."✻

Rainer, das rasende Rentier, dreht sich erbost um und ruft
atemlos: "Halt's Maul, bei dem Geschrei kriegen wir sie nie!"✻
Jacob besinnt sich sofort auf's Jagdhandwerk. In seinem Waidmannshandbuch sucht er die Gebrauchsanweisung für die
Elchjagd.✻

Dann säuselt er mit einschmeichelnder Stimme in den Wald:

"Oh Eira, wo bist du,✻
du dumme Kuh?✻
Ich will dich fangen,✻
nur dann hab ich Ruh."✻

Da Eira noch mit ihrem Make-up beschäftigt ist, hat sie keine Lust
zu antworten.✻
So rauschen Rainer und Jacob an ihr vorbei und verschwinden
in der Ferne.✻
Schwach hört man, wie sie sich gegenseitig anfluchen, wer

diesmal für den Mißerfolg verantwortlich sei.✻

Auf einmal spitzt Eira die Ohren,✻ besonders das rechte.✻ Von fern hört sie den Klang lieblicher Glöckchen.✻ Das kann nur Friedjof, der Fjellgnom, sein.
Eira legt sich auf den Rücken✻ und strampelt vor Freude mit allen Beinen in der Luft herum.✻

Und tatsächlich: Gezogen von vier kläffenden Hunden zieht Friedjof, der Fjellgnom, auf seinem Schlitten durch das Schneetreiben.✻ Auch er ist guter Dinge und singt: "Schneeflöckchen, Weißröckchen, wann kommst du geschneit ... ."✻

Die Birken und die Geister des Waldes singen begeistert mit.✻ Nach diesem Vortrag versuchen auch die Hunde, das Lied zu heulen.✻

Als Friedjof Eira erblickt, hält er sein Gespann an.✻ Die Hunde beenden ihr Geheul und beginnen, sich munter zu balgen.✻ Als Friedjof seine Stimme erhebt, legen sie sich hin und lauschen gespannt, denn wie immer erwarten sie von ihrem Herrchen wahre Poesie.✻
Friedjof spricht:

"Hei, Eira, du Elchkuh,✻
Elfe der Elche,✻
Zierde des Fjells,✻
schön wie 'ne Nelke."✻

Eira errötet✻ und unterbricht ihn:

"Hei, Friedjof, mein Schwarm,✻
bei dir wird's mir warm.✻
Willst du dich trauen,✻
meine Schaufeln beschauen?"✻

Friedjof nimmt den Vertrauensbeweis seiner Freundin gerne an und überprüft Eiras frisch gepflegte Schaufeln,✻ die dabei vor Vergnügen röhrt: "Röhr."✻

Plötzlich weicht Friedjof erschrocken zurück, als er sein Spiegelbild in Eiras Schaufel erblickt.✻
Betroffen spricht er:

"Oh Eira, du Liebe,✻
verdient hätt ich Hiebe.✻
Vergaß doch am Morgen,✻
den Bart zu entsorgen."✻

Mit Sanftmut in den Augen blickt Eira Friedjof an✻ und spricht mit ebensolcher Stimme:

"Oh Friedjof, du Gnom,✻
ich merkte es schon,✻
du bist doch ein Wicht,✻
so stört es mich nicht."✻

Gerührt tätschelt Friedjof Eiras Hinterhand.✻ Dann lagern sie sich an die Wand der Fjellhütte, um sich gegenseitig zu wärmen.✻

In der Hütte ist Svenja, die Schüchterne, inzwischen eingeschlafen.✻ Sie beginnt zu schnarchen.✻
Friedjof und Eira lauschen durch die Holzwand.✻ Das Feuer wird währenddessen immer kleiner.✻ In seiner Verzweiflung spricht es:

"Svenja, Svenja, wache auf,✻
ich bin nicht mehr so gut drauf,✻
wirst du mich nicht mit Holz bestücken,✻
kann ich dich nimmermehr beglücken."✻

Svenja öffnet die Augen, erst das eine,✻ dann das andere.✻
Sie sieht die Folgen ihrer Nachlässigkeit und sagt:

"Die Socken zogst du mir schon aus,✻
das tat noch keiner hier im Haus,✻
drum will ich dich mit großen Massen✻
von Kaminholz brennen lassen."

Svenja, die Schüchterne, überprüft ihr Holz vor der Hütte,✻ befindet es für gut✻ und versorgt das Feuer.✻ Dieses strahlt in feurigem Glanz.✻

Friedjof und Eira schauen sich bedeutungsvoll an, da sie merken, daß sie mit ihrer gegenseitigen Zuneigung nicht allein sind,✻ wohl wissend, daß es sich in der Hütte möglicherweise um eine unglückliche Liebe handelt.

Friedjof erhebt sich✻ und sagt mit Blick auf die Hütte:

"Die, die die Triebe des Herzens kennen,✻
soll man nie und nimmer trennen,✻
Feuer hier in diesem Haus, ..."✻

In diesem Moment fangen die Hunde an zu kläffen.✻ Sie toben wild.✻
Das Schneetreiben wird heftiger,✻ die alten Birken biegen sich im Sturm.✻
Jacob, der Jäger, ist auf dem Rückweg. Er treibt Rainer, das Rentier, mit Flüchen und Hieben.✻ Mit rauschender Fahrt gleitet der Schlitten auf die Fjellhütte zu.✻
Jacob, der Jäger, erspäht Eira✻ und stoppt den Schlitten.✻
Da ein Rentier kein Bremstier ist, stolpert Rainer.✻
Jacob legt sein Gewehr an.✻

"Oh Eira, du Elchkuh,✻
da bist du ja nun,✻
ich jagt' dich so lange,✻
doch gleich kann ich ruhn."✻

Die Hunde kläffen immer wilder.✻

Friedjof, besorgt um die Gesundheit seiner Freundin, hebt beide Hände in die Höhe.✻
Sofort ist Stille auf der Szene. Nichts rührt sich mehr.✻
Friedjof spricht:

"Oh Jacob, du Jäger,✻
du bist mir kein Heger,✻
Eira zu töten,✻
ist jetzt nicht von Nöten,✻
ich will sie zur Frau,✻
das weißt du genau.✻
Es tut zwar nicht weh,✻
doch du wirst nun zu Schnee."✻

Mitsamt der angelegten Flinte erstarrt Jacob, der Jäger, zu einer Schneestatue.✻ Rainer, das Rentier, freut sich, daß er jetzt keinen Streß mehr hat und trollt sich freudig von dannen.✻

Auch die Hunde merken, daß ihre Schicht vorbei ist. Jeder sucht sich eine Birke, um sein Geschäft zu erledigen.✻ Eira, beglückt

über das Gehörte und über ihre Rettung, gibt Friedjof einen herzhaften Kuß.✻
Doch Friedjof schmatzt sich los und spricht:

"Laß es mich zuerst beenden,✻
bevor wir unser Glück vollenden,✻
mit den Gaben, die ich hab,✻
ei, wo ist mein Zauberstab?"✻

Mit diesen Worten öffnet er die Tür der Fjellhütte,✻ tritt ein✻ und zieht seinen Zauberstab aus der Tasche.✻ Svenja schaut ihn verwirrt an und spricht:

"Oh fremder Gnom, was willst du hier,✻
willst du 'nen Punsch, willst du ein Bier?✻
Ich bin hier lange schon allein,✻
du sollst nun gerne bei mir sein."✻

Doch Friedjof geht bedeutungsvoll auf das Feuer zu,✻ schwingt seinen Zauberstab✻ und sagt:

"Die, die die Triebe des Herzens kennen,✻
soll man nie und nimmer trennen,✻
Feuer hier in diesem Haus,✻
werde Prinz und tritt heraus."✻

Das Feuer geht aus✻ und aus dem Kamin tritt ein wunderschöner Prinz.✻

Svenja, die Schüchterne, erstarrt vor Entzückung.✻
Der Prinz tritt vor sie hin✻ und spricht:

"Die Socken warn nur ein Beginn,✻
nach mehr nun steht mir jetzt mein Sinn,✻
Oh Svenja du, du meine Schöne,✻
nun komm her, Ich schenk dir Söhne."

Svenja ist von diesem Vorschlag begeistert✻ und ruft:" So soll es geschehen!"✻
Während ihrer Bemühungen✻ geht Friedjof zu Eira und kuschelt sich an sie.✻

Der Schneesturm verschwindet.✻ So langsam kommt der Sommer. Die Schneestatue von Jacob, dem Jäger, beginnt zu

schmelzen.✱ Die Birken beginnen zu grünen✱ und die Hunde spielen vergnügt im Wald.✱
Friedjof reitet auf Eira zur nächsten Lichtung.✱
Alle sind überwältigt von Frühlingsgefühlen und beginnen zu singen:

"Der Mai ist gekommen ..."✱

Der Vorhang geht zu.✱

Eira, die Elchkuh,
zu Friedjof, dem Fjellgnom:
"Willst du dich trauen,
meine Schaufeln
beschauen?"

Friedjof, der Fjellgnom,
überprüft Eiras ge-
pflegte Schaufeln.

Das Kaminfeuer strahlt Wärme ab ...

Strandung vor Sylt

Rollen

Lothar, der Leuchtturm
Moni, die Möwe
Waltraud, die Wanderdüne
Kurt, der kernige Käpt'n
Matze, der maulige Matrose
Benni, der Bordhund
Stefan, der Steuermann
Karla aus Karlsruhe
Lisa aus Liechtenstein
Hubert, die Heulboje
Lotta, die Leuchtturmwärterin
Robby, der Strandräuber
Willi, der Wattwurm
Halbmond
Sturm
Vorhang
Publikum (Lieder, Geräusche)

Hinweise zur Aufführung

Die Bühne ist in zwei Teile gegliedert. Auf der rechten Hälfte spielt sich das Geschehen an Land ab, auf der linken Bühnenseite spielt die Handlung auf dem Wasser.

Das Schiff sollte mit einfachen Requisiten angedeutet werden. Ein Stuhl am Heck symbolisiert das Ruderhaus, zwei übereinandergestellte Stühle könnten als Mast auf dem Vorschiff dienen.

Strandung vor Sylt

Still ruht die See, der Schellfisch schläft, der Knurrhahn sitzt vor seinem Nest und strickt halblange Frauensocken.
Der Vorhang geht auf.*

Lothar, der Leuchtturm, steht stumm und reglos auf seinem seit Jahrhunderten vertrauten Platz.*
Von fern hört man das verzweifelte Kreischen von Moni, der Möwe,* deren Ehemöwe gerade bei einem Loopingversuch abgestürzt ist.*

Die Dämmerung legt sich über die Szene. Lothar, der Leuchtturm, beginnt zu blinken. Alle fünf Sekunden wirft er sein strahlendes Weiß über das Meer,* indem er rhythmisch lächelt.*
Waltraud, die Wanderdüne, läßt ihr allabendliches "Gute Nacht" ertönen.*
Lothar, der Leuchtturm, antwortet: "Halt's Maul."*
Waltraud, die Wanderdüne, ruft zutiefst empört: "Blödmann!"*
Dieses empört Lothar, den Leuchtturm, so sehr, daß er nun alle drei Sekunden blinkt.*

Moni, die Möwe, kehrt einsam von ihrer Tour zurück und setzt sich mit traurig hängenden Flügeln neben Lothar, den Leuchtturm.* Lothar streichelt Moni liebevoll die Federn.*
Moni versucht ein beglücktes Lächeln,* was aber mißlingt.*

Hinter Waltraud, der Wanderdüne, geht langsam ein matter Halbmond auf* und erhellt mit schwachem Gelb das Meer.*
Aus der fernen Kurmuschel hört man den Chor mit dem aktuellen Hit: "Der Mond ist aufgegangen ..."*

Draußen dümpelt Sophie, der Chartergroßsegler, in der Flaute. Aus der Kombüse hört man die zarten Klänge: "Ik heff mal een Hamborger Veermaster sehn ..."*

Kurt, der kernige Käpt'n, steht gelangweilt am Ruder.* Ebenso wie sein Schiff hat auch er schon bessere Tage gesehen. Er bölkt: "Tscha, tscha, dat Wedder."*

Matze, der maulige Matrose, sitzt davor auf den Decksplanken und repariert das Fischernetz, um das Frühstücksmahl sicherzustellen.* Er bölkt zurück: "So'n Schiet."*

Benni, der Bordhund, trollt sich vom Vorschiff herbei.* In Vorfreude auf das zu erwartende Fischmahl wedelt er heftig mit dem Schwanz* und leckt sich das Maul.* Dann probiert er beides zusammen.* Schließlich legt er sich zu Matzes Füßen* und versinkt in tiefen Schlaf.* In der Kombüse wird prompt ein anderes Programm eingestellt: "Aber heitschi, bumbeitschi, bumm, bumm ..."*

Auf dem Vorschiff wartet Stefan, der Steuermann, darauf, sich wie immer nach Feierabend verführen zu lassen. Ungeduld keimt in ihm auf.*

Karla aus Karlsruhe, zum ersten Mal auf dem Meer unterwegs, tritt prüfend charmant auf das Deck* mit dem Lied auf den Lippen: "Am Sonntag will mein Süßer mit mir segeln gehn ..."* Sie erblickt Stefan.* Sie seufzt: "Oh Stefan,* stämmiger Steuermann,* du hier?"*
Stefan säuselt zurück: "Na klar,* Schiff ist klariert,* nu is Zeit für wonnige Wollust."*
Karla: "Geil."*

In diesem Augenblick folgt ihr Lisa aus Liechtenstein an Deck.* Auch sie, die noch nie die Planken eines Schiffes betreten hat, sich aber sehr viel sicherer fühlt, weil die Größe des Kahns fast der ihres Landes entspricht, ist offensichtlich auf ein Erlebnis aus.* Mit wohlklingender Stimme spricht sie: "Oh Stefan,* du Steuermann,* du König der Tampen,* Beherrscher der Meere,* du Zierde des Schiffes,* du Steuerer aller Steuerer,* Wahnsinn, dich zu sehen."*

Benni, der Bordhund, ahnt, was kommt.* Da beides zusammen nicht funktioniert, beginnt er, abwechselnd mit dem Schwanz zu wedeln und sich das Maul zu lecken.* Stefan, in Erwartung einer arbeitsreichen Schicht, sagt in einem Anflug von Untertreibung: "Nu Deerns, dat kann ja heiter werden."*
Karla aus Karlsruhe, die sich dem Ziel ihrer Begierde schon ganz nahe glaubte, schnaubt vor Zorn: "So nicht, Lisa,* lästiges Luder,* Lüstling aus Liechtenstein,* er gehört mir!"*
Stefan, der Steuermann, hat keinen Bock auf diesen Streß,

springt auf✳ und sagt: "Prüfet in Ruhe,✳ für welche von euch Auserwählten✳ ich der Richtige bin."✳

Karla aus Karlsruhe, die vor Antritt der Charterfahrt Fachbücher über die Menschen im Norden intensiv studiert hat, ruft:
"Dann laßt uns seine Zähne prüfen!"✳
Lisa aus Liechtenstein ist einverstanden: "Oh Stefan,✳ du Steuermann,✳ öffne deinen Mund✳ und laß uns einen Blick erheischen."✳
Stefan: "Deerns,✳ das könnt ihr einfacher haben."✳
Er nimmt sein Gebiß heraus und reicht es Lisa.✳

Karla, die offenbar nicht auf Gebißträger steht, wirft sich weinend zu Boden✳ und schluchzt: "Oh Stefan,✳ du Steuermann,✳ ich dachte und hoffte,✳ du würdest immer mit deinen Zähnen so strahlen✳ wie der Leuchtturm dort am Strand."✳

Lothar, der Leuchtturm, empfindet tiefste Solidarität mit dem bescholtenen Steuermann und stellt sein strahlendes Blinken ein.✳ Statt dessen singt er: "Brüder zur Sonne und Freiheit."✳
Matze, der maulige Matrose, erkennt das Unglück und mault:
"Wat'n Mist."✳

Karla weint heftiger: "Was hab ich angerichtet?"✳
Lisa aus Liechtenstein jedoch erkennt die Gunst des Augenblicks für ihr bevorstehendes Abenteuer.✳
Auch Benni, der Bordhund, merkt, daß auf dem Vorschiff die Verhältnisse geklärt sind und beendet seine Bemühungen.✳

Lisa blickt Stefan tief in die Augen: "Oh Stefan,✳ du Steuermann,✳ Traum meiner Träume,✳ Tröster der Liesen,✳ Stern in der Nacht,✳ mein sehnlichster Wunsch wäre,✳ einmal mit dir zusammen✳ mit meinen Kuscheltieren Frühsport auf dem Friedhof zu machen."✳
Diese Rede erweicht Stefans nordisches Herz. Er stöhnt: "Ah."✳
Lisa und Stefan fallen sich in die Arme.✳

Doch da, - was ist das?

Ein fürchterlicher Sturm peitscht über das Meer.✳ Kurt, der kernige Käpt'n bölkt: "Alle Mann an Deck,✳ Hände über die

Bettdecke,✻ das gibt Ärger!"✻
In diesem Moment kracht brüllend der Mast zusammen (alle): "Krach!"✻ und fällt über Bord: "Platsch!"✻

Von wilden Wogen gebeutelt treibt Sophie, der Chartergroßsegler, jetzt jedoch ohne Großsegel, auf die Küste zu.
Stefan, der Steuermann, bemerkt das Ereignis und ruft:
"Kurt,✻ du kerniger Käpt'n,✻ kann ich helfen?"✻
Kurt: "Zu spät!✻ Hubert, die Heulboje,✻ ist schon zu hören,✻ gleich sitzen wir drauf."✻ Hubert heult so gut es geht gegen den Sturm an.✻

Lotta, die Leuchtturmwärterin, hat den Ausfall ihres Gerätes bemerkt,✻ stellt auf Handbetrieb um✻ und fängt an zu kurbeln.✻
Lothar, der Leuchtturm, blinkt vor Freude heftig.✻
Auch Benni, der Bordhund, richtet sich auf.✻
Als sie an Hubert, der Heulboje, vorbeitreiben,✻ hebt er sein Bein.✻
Hubert heult beleidigt.✻
Da! Ein Krachen und Bersten (alle): "Wumm!"✻

Das Schiff bricht auseinander. Mit wilden Schlägen schwimmen Besatzung und Passagiere an Land.✻ Sie stranden genau vor dem Leuchtturm.✻
Benni, der Bordhund, nimmt sofort Witterung auf✻ und trottet erfreut schwanzwedelnd zu Moni, der Möwe.✻ Er hört von ihrem Schicksal✻ und beginnt, sie liebevoll zu trösten.✻
Die Schiffbrüchigen fallen erschöpft in tiefen Schlaf.✻ Robby, der Strandräuber, überschreitet Waltraud, die Wanderdüne,✻ und erblickt seine Opfer.✻
Sofort beginnt er mit der Suche in deren Taschen.✻

Da! Eine erneute Sturmböe reißt Waltraud die Befestigung aus der Wanderdüne!✻
Waltraud beginnt zu wandern.✻ Unter ihrem Gewicht knickt der Leuchtturm ab✻ und blinkt jetzt trauriger.✻
Ohne Warnung walzt Waltraud, die Wanderdüne, über die Schlafenden und Robby✻ und verschüttet sie.✻

Hubert, die Heulboje, heult betroffen.✻
Nur Moni und Benni entkommen mit knapper Not dem Drama.
Vor Glück lernt Benni zu fliegen✻ und Moni zu bellen.✻
Der Mond versinkt im Meer.✻

Willi, der wuselige aber nie wütende Wattwurm, als Tourist auf der Insel, wuselt seinen wüsten Kopf aus dem Sand und wuchert mit dem Ausspruch: "Dat jibt dat ja woll nich!"✻ Auch das Publikum vertritt diese Meinung:
"Dat jibt dat ja woll nich."✻

Der Vorhang geht zu.✻

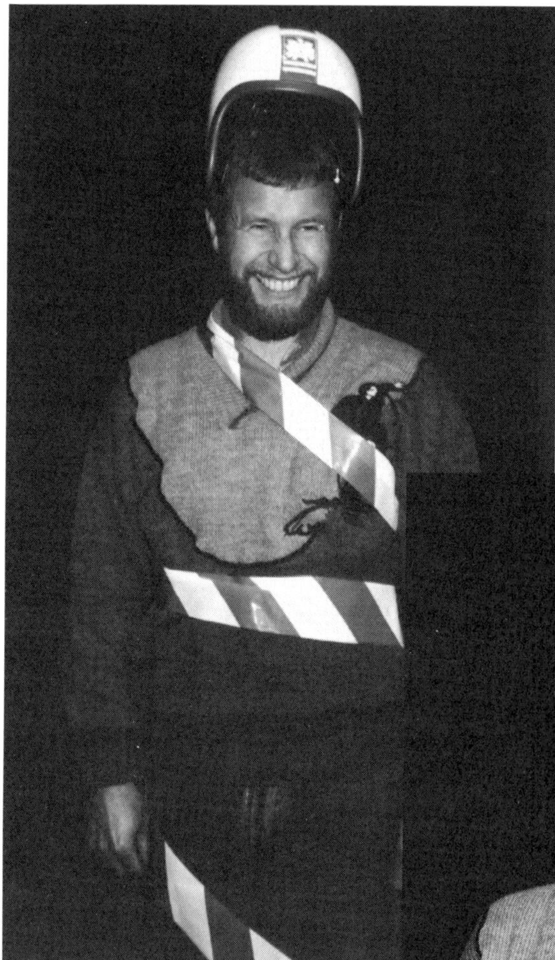

Lothar, der Leuchtturm,
wirft sein strahlendes Weiß
über das Meer.

Lisa aus Liechtenstein spricht: "Oh, Stefan, du Steuermann, du König der Tampen ..."

Stefan: "Deerns, das könnt ihr einfacher haben."

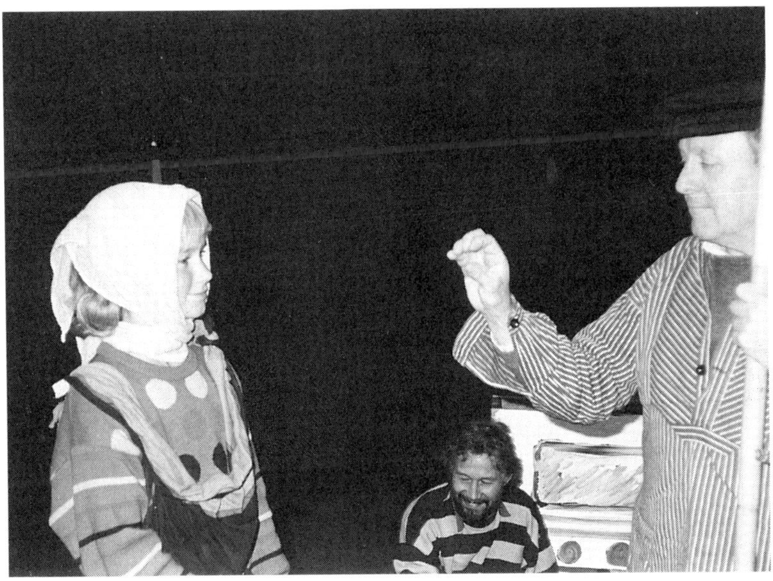

Erik, die Locke

Rollen

Vorhang
Einige Kinder
Frauke, die Flaschenpost (mit einer Botschaft)
Holger, die Holzplanke (mit einem Bauch)
Siegfried, der Seehund
Erik, die Locke (mit einer Axt)
Freya, die Freierin (mit Keule)
Einige Wikinger vom Stamm der Weitgereisten
Bernhard, das Bierfaß
Broder, das Bierfaß
Thorkel, der Dichter (mit Trinkhorn
und einer Schachtel Kondome)
Alfred, der Abendwind
Martin, der Mond
Martina, die Mondin
Ruthild, die Ratte
Einige Linden
Susi, die süße Sonne
Marga, der Morgenwind
Publikum (Götter der Wikinger, Lieder, Geräusche)

Hinweise zur Aufführung

Erik, die Locke, ist ein Drama für viele Mitspieler. Bei kleineren Gruppen bietet es allerdings auch viele Möglichkeiten für Doppelbesetzungen.

Die Darsteller sollten ausreichend Zeit für eine Verkleidung haben, da die Rollen phantasievolle Kostüme erwarten lassen.

Die Bühnenaufteilung ergibt sich aus der Szenerie am Anfang des Stückes.

Erik, die Locke

Eine Wikingersaga aus der Zeit, in der der Emanzipationsgedanke an den Vollbärten echter Männer zerrte.

Der Vorhang geht auf.✻ Er setzt sich zu den Göttern,✻ denn auch er will das Bühnenbild genießen.✻

Die Szenerie zeigt auf der einen Seite vor einem Lindenwäldchen ein Wikingerdorf am Ufer. Auf der anderen Bühnenseite liegt das Meer.

Es herrscht Stille.

Nur einige Kinder spielen vergnügt am Strand ihr Lieblingsspiel: Sie bewerfen sich mit Steinen.✻ Dann und wann treffen sie Holger, die Holzplanke,✻ die als Strandgut offenbar im Weg liegt.✻ Ihre Schmerzensschreie durchdringen die Stille.✻

Auf dem bleiernen Meer dümpelt Frauke, die Flaschenpost, auf die Szene.✻
Zum erstenmal nach acht Jahren der Seereise sieht sie wieder Land.✻
Sie spricht:

"Auf meiner Reise, die lange schon geht,✻
wurd' ich von manchen Stürmen umweht.✻
Aß ranziges Fleisch und schimm'liges Brot,✻
und auch die paar Fische waren schon tot.✻
Die Würmer, die krochen in Mark und in Bein,✻
und Essig schmeckte auch nicht nach Wein.✻
Oh, liebliches Ufer, du kommst mir jetzt recht,✻
bei diesem Gedümpel, da wird mir schlecht."✻

Doch da, - was ist das?

Da schwimmt ja noch was!
Alle Götter der Wikinger sehen es,✻ springen von ihren Plätzen auf,✻ zeigen aufgeregt aufs Meer✻ und rufen: "Da, da ist es!✻ Es kommt näher!✻ Das haben wir doch gar nicht eingeplant!✻ Was ist das bloß?"✻

Es ist Siegfried, der Seehund, der eine Trainingstour macht.✻ Emsig schwimmt er hin und her.✻ Auf einmal erblickt er

Frauke, die Flaschenpost.✻ Er schwimmt auf sie zu✻ und strahlt sie glücklich an.✻ Er spricht:

"Immer hin und her zu schwimmen,✻
ist nicht recht nach meinen Sinnen.✻
Training hin und Training her,✻
Flaschendrehen ist nicht schwer!"✻

Er beginnt, Frauke, die Flaschenpost , mit seiner Nase im Kreis zu stubsen.✻ Nach einer Weile ist Frauke so genervt,✻ daß sie aus ihrer Flasche guckt✻ und ruft: "Hau ab,✻ ich will an Land,✻ mir ist schlecht!"✻

Siegfried ruft: "Ich will aber spielen!"✻ Er stubst weiter an Frauke herum.✻
Die Götter der Wikinger horchen auf: "Oh.✻ Am Ende geht sie uns noch unter!"✻
Frauke ist erzürnt: "Siegfried, du Seehund,✻ du zottiger Zocker,✻ du räudige Robbe,✻ du Fluch aller Flaschen,✻ wenn du nicht abhaust, kriegst du Ärger!"✻

Frauke ist schon ganz grün im Gesicht.✻ Doch Siegfried geht wieder seinem Spieltrieb nach.✻ Frauke hat nun endgültig genug.✻ Sie haut Siegfried mit ihrer Flasche rüde auf die Rübe.✻
Die Götter jubeln: "Bravo Frauke, bravo Frauke!"✻
Benommen schwimmt Siegfried davon.✻ Frauke dümpelt wieder.✻

Beruhigt über den Ausgang dieses Zwischenfalls setzen sich die Götter: "Endlich,✻ nun kann das Stück ja weitergehen."✻
Gespannt schauen sie auf das Wikingerdorf.✻

Dort sitzen Erik, die Locke,✻ und Freya, die Freierin,✻ zusammen mit anderen Helden ihres Stammes der Weitgereisten um Bernhard, das Bierfaß, herum.✻

Da sie mächtigen Durst haben, traktieren sie Bernhard heftig.✻
Das Bierfaß gibt sein Bestes.✻ Bis zum Rest.✻
Ausgelutscht spricht Bernhard:

"Die Wikinger in Durstes Hast,✻
saufen ohne Unterlaß,✻

bin ich voll, dann bin ich wichtig,*
bin ich leer, ist das nicht richtig."*

Erik, die Locke, steht auf,* gibt dem leeren Bierfaß einen Tritt,* so daß es den Strand hinunterrollt* und schließlich ins Wasser fällt.* In beruhigendem Rhythmus wird Bernhard von den Wellen immer wieder auf den Strand gespült.*

Frauke, die Flaschenpost, guckt aufgeregt aus ihrer Flasche.* So ein imposantes schwimmfähiges Wesen wie Bernhard, das Bierfaß, hat sie auf ihrer achtjährigen Reise noch nie gesehen.* Träume scheinen wahr zu werden.* Ihre Gefühle wallen zwischen Pflicht- und Lustgefühl.* Sie bemüht sich, ihre Gedanken zu ordnen* und ruft dem Faß zu:

"Der Meeresstrom trieb mich hierher,*
und wird das Leben noch so schwer,*
ich müßt' mich meinem Schicksal beugen,*
doch ich will mit dir Helden zeugen!"*

Bernhard, das Bierfaß, lächelt Frauke zu.*

Die Götter sind empört,* schütteln die Köpfe und erregen sich: "Frauke spinnt,* total,* die ist echt seekrank,* die macht uns das ganze Stück kaputt."*

Da Frauke unterwegs den christlichen Glauben angenommen hat, interessiert sie sich nicht mehr für die Sprüche der Wikingergötter und versucht, zum Bierfaß zu dümpeln.*

Vergeblich!* Ihr Trieb entspricht nicht ihrem Antrieb.* Sie braucht offensichtlich Hilfe* und brüllt auf das Meer hinaus:

"Siegfried, komm mir doch zur Helfe,*
gern wär ich des Fasses Elfe,*
meine Schläge warn zwar echt,*
doch es war mir wirklich schlecht!"*

Doch Siegfried, der Seehund, von Fraukes schweren Hieben übel getroffen, ist beleidigt.* "Mach deinen Scheiß doch alleine!"*

Die Götter jubeln: "Bravo, Siggi, bravo,* du hast das Stück gerettet."*

Dieses Lob baut Siegfried auf.* Er kann gleich wieder viel schneller schwimmen.*

Während Frauke weiter dümpeln muß,* holen die Wikinger vom Stamm der Weitgereisten Broder, ein weiteres imposantes Bierfaß, aus ihren Lagerbeständen.* Ihre Augen zeigen Durst.* Auch die Götter blicken durstig.* Doch umsonst! Da sie das Stück überwachen müssen, kriegen sie wie immer nichts ab.* Erik, die Locke, sticht mit einigen Axthieben das Faß an* und saut sich dabei fürchterlich ein.*
Broder lästert: "Anfänger."*

Freya, die Freierin, ist stinksauer,* sie zückt ihre Keule und bearbeitet Erik nach Kräften.* Sie brüllt ihn an:

"Was ist das für'ne Malesche,*
gestern war erst große Wäsche,*
spielst hier stets den großen Helden,*
doch hast bei mir du nichts zu melden!"*

Betroffen setzt sich Erik zu den anderen* und ordnet seine Locke.*

Doch die Wikinger setzen nach diesem tollen Kampf auch Broder kräftig zu.* Auch dieses Faß gibt sein Bestes.* Mit Blick auf den Strand ahnt es sein Schicksal und das seiner vollen Brüder voraus.*
Es stöhnt:

"Ob im Norden, Westen, Osten,*
ständig muß man von uns kosten,*
es wäre doch zu wunderbar,*
wär ich doch nur recyclebar."*

Ob dieser Worte horcht Freya auf* und gerät ins Grübeln.*

Da betritt Thorkel, der Dichter, die Szene.* Er füllt sein Trinkhorn* bis zum Rand* und säuft es aus.* Er prostet den Göttern zu:

"So manch ein Dichter ist ein Spötter,*
doch ich, ich denk an unsre Götter,*
sind im Durst ja nicht alleine,*
es gibt noch and're arme Schweine."*

Die Götter freuen sich über seine Anteilnahme✻ und zusammen mit Thorkel singen sie:

"Es gibt kein Bier auf Hawai ..."✻

Betrunken lagert er sich zu den anderen Bierseligen.✻ Wimmernd prüft Erik, die Locke, seine Beulen.✻
Da beendet Freya ihr Grübeln.✻ Sie hat eine zündende Idee.✻
Sie spricht:

"Sind Fässer alt, sind Fässer leer,✻
gehören sie nicht gleich ins Meer,✻
man sollt' sie nicht mit Füßen hauen,✻
man kann daraus auch Betten bauen."✻

Aus Dankbarkeit gibt Broder, das Bierfaß, Freya einen Kuß,✻ der leider nach abgestandenem Bier schmeckt.✻ Freya, die Freierin, freit sich los,✻ schüttelt sich✻ und ruft zu den Kindern am Strand:

"Bringt das Strandgut und das Faß,✻
egal, ob trocken oder naß,✻
Erik soll ein Bettchen kriegen,✻
auf dieser Planke soll er - schlafen."✻

Thorkel, der Dichter, lallt empört: "So'n beknackter Reim, das heißt: pennen."✻ Dann sackt er wieder in sich zusammen.✻
Die Kinder machen sich an die Arbeit.✻ Sie überprüfen Holger, die Holzplanke, auf ihre Haltbarkeit,✻ schmirgeln sie mit dem Sand glatt✻ und bringen die Planke zum Lagerplatz.✻
Dann holen sie Bernhard, das Bierfaß, vom Strand.✻
Frauke, die Flaschenpost, ihr Glück vor Augen,✻ erzittert in ihrer Flasche: "Nein,✻ nicht doch,✻ er ist mein!"✻
Doch alles Jammern nützt nichts.✻ Erbarmungslos bauen die Kinder aus den Bierfässern und der Holzplanke ein Bett.✻
Die Wikinger versuchen, den bedrückt betrunkenen Erik aufs Bett zu legen.✻ Dann richten sie seine Locke.✻

Doch da, - was ist das?

Von Land her kommt Alfred, der Abendwind!✻ Erik wird aus seinem Bett geweht✻ und fällt auf einen Stein.✻ Er flucht kräftig.✻

Auch Frauke, die Flaschenpost, hat Pech. Sie dümpelt, von Alfred getrieben,✻ mit sehnsuchtsvollen Blicken zu ihrem geliebten Faß,✻ wieder seewärts.✻ Die zunehmende Entfernung und die einbrechende Dunkelheit trüben ihren Blick.✻

Doch da, - was ist das?

Es wird etwas heller.✻ Über dem Meer geht Martin, der Mond, auf.✻ Er steigt langsam.✻

Über dem Land geht Martina, die Mondin, auf.✻ Auch sie steigt langsam.✻

Die Wikinger reiben sich die Augen.✻

Thorkel, der Dichter, versucht, durchzublicken:

"Zwei Monde stehn am Firmament,✻
zwei Monde, die ein jeder kennt,✻
nun laßt uns auf den Morgen hoffen,✻
mein lieber Elch, sind wir besoffen!"✻

Die Wikinger brummen Zustimmung.✻ Dann schlafen sie ein.✻ Nur Schnarchen ist zu hören.✻

Darauf hat Ruthild, die Ratte, nur gewartet.✻ Sie huscht auf den Lagerplatz und sucht ihn nach Nahrung ab.✻ Immer, wenn sie einen schnarchenden Wikinger anknabbert,✻ wird sie mit einer müden Handbewegung vertrieben.✻

Währenddessen steigen die Monde langsam weiter.✻
Ruthild, die Ratte, wird satt,✻ leckt sich das Maul✻ und rülpst kräftig.✻ Da sie den Nachtisch in Ruhe genießen will, beschließt sie, an der Holzplanke weiterzuknabbern, die sich ja nicht wehren kann.✻ Satt und zufrieden schläft schließlich auch Ruthild ein.✻

Da! Die beiden Monde begegnen sich im Zenit.✻ Wütend schauen sie sich an.✻
Martin schreit: "Hau ab,✻ ich bin Martin, der Mond!"✻
Martina brüllt: "Verzieh dich,✻ ich bin Martina, die Mondin!"✻
Martin keift: "Dann bin ich eben Franz Beckenbauer."✻
Martina kreischt: "Und ich bin Marilyn Monroe."✻

Den Göttern scheint ihre Macht über das Naturschauspiel zu entgleiten.* Sie rufen:

"Mit Worten könnt ihr euch ereifern,*
doch müßt ihr nun zu Schwertern greifen,*
um den wahren Mond zu finden,*
über Pennern und den Linden."*

Martina und Martin greifen entschlossen zu ihren Schwertern.* Sie holen weit aus* und ...

Doch da, - was ist das?

Ein herzzerreißendes Schluchzen vom düsteren Meer durchdringt den spannungsgeladenen Augenblick!* Es ist die dümpelnde Frauke,* jetzt weit draußen auf dem wogenden Meer.* Frauke, die Flaschenpost, die - wir erinnern uns* - ihre Flasche an ein mißhandeltes Bierfaß verloren hat.

Die Götter und die Monde blicken angestrengt auf's nächtliche Meer,* doch sie können nichts erkennen.* Nur Siegfried, der Seehund, der in Fraukes Nähe schwimmt,* weiß, um was es sich handelt.* Er spricht:

"Monde dort am Firmament,*
Monde, die ein jeder kennt,*
wollt ihr hier dies Leid besehen,*
muß hier noch mehr Licht angehen."*

Da auch die Monde mehr erkennen wollen, beschließen sie,* sich zu vereinigen,* um ihre Leuchtkraft zu erhöhen.* Die Götter ermuntern sie mit entsprechenden Gestiken.* Und tatsächlich: es wird heller.*

Die Götter erkennen die schluchzende dümpelnde Frauke.* "Da ist Frauke,* verdammt,* die haben wir schon ganz vergessen,* die brauchen wir doch noch."* Martin und Martina haben inzwischen den Reiz der Vereinigung erkannt.* Thorkel, der Dichter erwacht kurz,* deutet die Szene und spricht für den vereinten Mond:

"Martina ruft: 'Oh, Martin, Schatz,*
ich knutsch dich ohne Unterlaß!'*

Martin spricht in seinem Glück:✻
'So sei es drum, ich knutsch zurück!' "✻

Da die Monde sich nur mit sich beschäftigen,✻ läßt ihre Leuchtkraft nach.✻ Thorkel schläft weiter, aber die Götter sind aufmerksam geworden.✻ Sie sind sauer: "So'ne Sauerei,✻ und das in aller Öffentlichkeit,✻ das hat das Publikum nicht verdient.✻ Amüsiert euch woanders!"✻

Der vereinigte Vollmond geht im Lindenwald unter.✻ Was er dann macht, wissen wir nicht,✻ es ist ja dunkel.✻

Die Götter skandieren: "Susi, Susi!"✻
Und da! Susi, die süße Sonne, geht auf✻ und erwärmt die Szenerie.✻ Sie singt:

"Lerchensang und Strahl der Sonne,✻
bringt Mensch und Flaschen Freud und Wonne.✻
Will ich morgens früh aufgehen,✻
sollen and're Winde wehen."✻

Mit der steigenden Sonne dreht prompt der Wind.✻ Marga, der Morgenwind, treibt Frauke, die Flaschenpost, wieder auf die Küste zu.✻ Frauke schöpft neue Hoffnung✻, und wird ungeduldig:

"Kummervoll trieb ich hinaus,✻
ich dachte, nun wär alles aus,✻
wie langsam tat die Zeit verrinnen,✻
ach, könnt ich jetzt nur schneller schwimmen."✻

Die Götter beruhigen sich wieder,✻ es scheint alles seinen Lauf zu nehmen.✻

Ruthild, die Ratte, wird von einem Sonnenstrahl getroffen.✻ Sie muß kräftig niesen.✻ Bevor die Wikinger erwachen, knabbert sie schnell noch mal an der Holzplanke✻ und macht sich dann davon.✻

Erst bei Tageslicht erkennt man, daß Ruthild ganze Arbeit geleistet hat. Holger, die Holzplanke, ist in der Mitte ganz dünn geworden✻ und wirkt brüchig.✻ Erik, die Locke, erwacht als erster.✻ Er erhebt seinen angeschlagenen Körper✻ und setzt sich auf Holger,✻ der sofort durchbricht.✻ Er blickt kopfschüttelnd auf die zerbrochene Planke✻ und brummt: "Man könnt denken, wir sind bei Max und Moritz."✻ Er rappelt sich auf,✻ tritt Thorkel, den Dichter, in den Hintern✻ und sagt: "Thorkel, du Dichter,✻ Wotan der Worte,✻ Vater der Verse,✻ Reiter der Reime,✻ weck du die anderen,✻ ich schaff das heut' nicht."✻

Thorkel erhebt sich und verkündet:

"Weiber wabbern durch die Wüste,✻
Schiffe schiffen an die Küste,✻
Männer, macht die Riemen klar,✻
die Waschfrau aus Bahrain ist da."✻

Die Wikinger sind sofort hellwach und verlangen nach Bier.✻

Freya, die Freierin, ist noch wacher.✻ Sie kann solche Sprüche nicht ab.✻ Mit ihrer Keule jagt sie Thorkel in den Lindenwald.✻ Dort trifft er auf den vereinigten Vollmond.✻ Er spricht:

"Wenn den Martin Triebe treiben,✻
muß dann Martina Jungfrau bleiben?✻
Wollt ihr euch vor Aids behüten,✻
nehmt doch einfach Lümmeltüten!"✻

Er wirft dem vereinigten Mond eine Schachtel Kondome zu.✻ Der spricht: "Hau ab,✻ du störst,✻ laß uns in Ruhe."✻

Thorkel, der Dichter, merkt, daß er als Erdling nicht besonders gefragt ist und gesellt sich zu den Göttern.✻ Sie sprechen: "Hey Thorkel,✻ setz dich zu uns,✻ aber halt das Maul."✻
Die Kinder trollen sich zum Strand✻ und bewerfen sich wieder mit Steinen.✻

Marga, der Morgenwind, wird kräftiger.✻ Frauke, die Flaschenpost, dümpelt immer schneller auf die Küste zu.✻ Aufgeregt ruft sie:

"Marga, weh, so weh noch doller,✻
umso stärker, umso toller,✻
ich will mich meinem Schicksal beugen,✻
ich will mit Bernhard Helden zeugen!"✻

Marga legt sich kräftig ins Zeug.* Da! Eine riesige Welle spült Frauke auf den Strand.* Die Kinder entdecken das seltsame Ding* und springen freudig herbei.* So etwas haben sie noch nicht gesehen. Frauke wird nun gründlich untersucht.* Schließlich entdecken sie, daß Frauke in sich eine Botschaft trägt.* Aufgeregt schreien die Kinder durcheinander.* Durch den Sturm brüllen sie: "Erik,* Erik,* nimm die Locke aus der Stirn,* hier ist eine seefahrende Postbotin!"*
Erik: "Bringt sie herauf."*
Die Kinder stecken die Botschaft an den alten Platz,* schleppen Frauke zum Lagerplatz* und stellen sie auf Bernhard, das Bierfaß.*

Erik versucht, Fraukes Blick zu erheischen,* doch umsonst. Frauke schaut fasziniert Bernhard an.* Bernhard schaut fasziniert zurück.*
Erik durchwühlt Frauke nach der Botschaft.* Da! Endlich findet er sie.* Er nimmt den Zettel und will lesen,* aber Freya entreißt ihm die Botschaft.* Sie liest:
"Wir bitten um unsere Entdeckung!
gez. Regierung der USA"*

Die Wikinger vom Stamm der Weitgereisten schauen sich fragend an.*
Thorkel, der Dichter, brüllt dazwischen: "Viel zu weit,* da kommt ihr nie an!"*
Die Götter fahren ihn an: "Halt's Maul,* Mann."*
Thorkel schweigt.*
Freya schaut zu den Göttern.* Für sie ist die Sache klar.*
Sie spricht:

"Wenn die Götter Dichter zügeln,*
können sie auch Wellen bügeln,*
sind die Stürme noch so heftig,*
Wikinger sind immer kräftig.*
Wikinger, die Weitgereisten,*
wir, die Tapf'ren, wir, die Dreisten,*
mal hau'n wir hier, mal hau'n wir da,*
es geht jetzt nach Amerika."*

Mit wildem Gebrüll rennen alle vom Stamm der Weitgereisten zu ihren Booten✻ und rudern auf das Meer hinaus,✻ freudig umschwommen von Siegfried, dem Seehund.✻
Glücklich und zufrieden winken Frauke und Bernhard zum Abschied,✻ bald wird es neue Helden geben.
Die Götter jubeln: "Es ist vollbracht!"✻

Und zum Vorhang sprechen sie:

"Wir denken, jetzt aus uns'rer Sicht:✻
Vorhang, jetzt kommt deine Schicht."✻

Begleitet von den Beifallsstürmen der Götter geht der Vorhang zu.✻

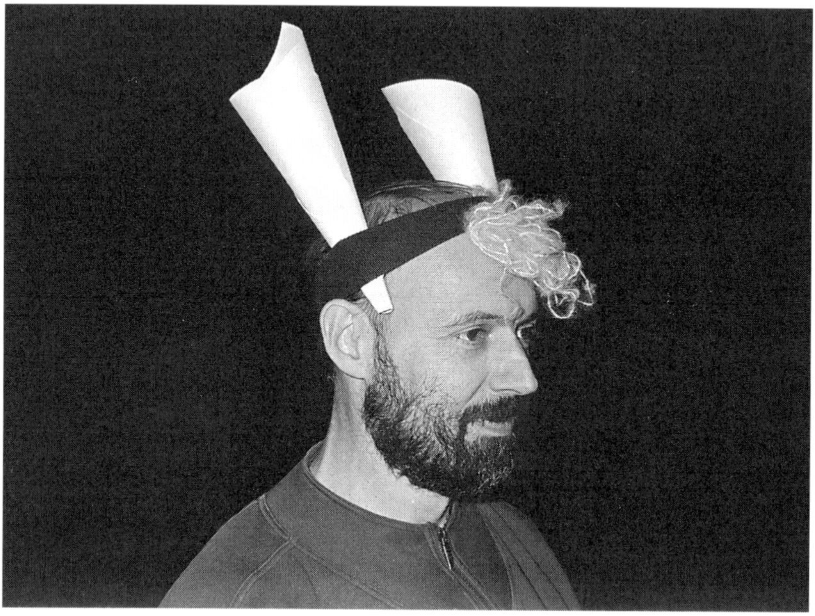

Erik, die Locke,
Held der Wikinger.

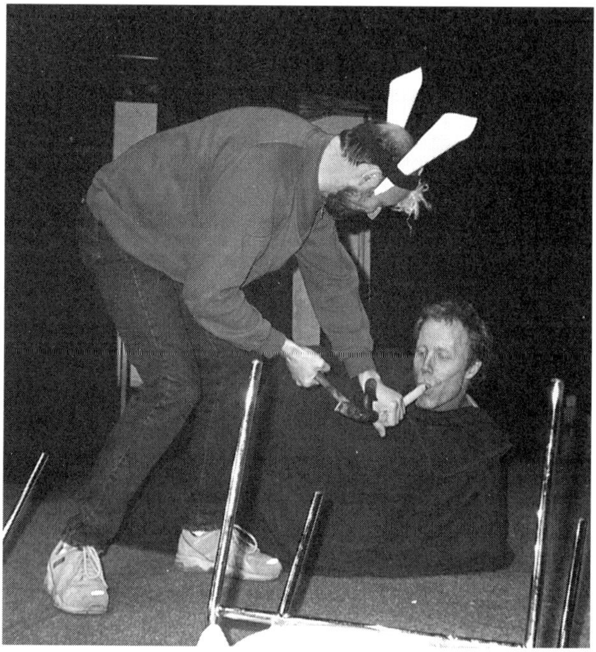

Erik, die Locke,
sticht mit einigen Axthieben
Broder, das Bierfaß, an.

Thorkel, der Dichter, deklamiert:
"Weiber wabbern durch die Wüste,
Schiffe schiffen an die Küste ..."

Helmut,
der Hecht

(Ein Traum in einem Akt)

Rollen

Vorhang
Helmut, der Träumer
Helmut, der Hecht (anfangs eine gewichtige Persönlichkeit)
Hanna
Friedrich, der Fisch (mit Kleingeld)
Frieda, die Fischin (mit Kleingeld)
Fritz, der Flußkrebs
3-4 Algen
Gustav, die gelbe Giftbrühe
Publikum (Geräusche, Lieder)

Hinweise zur Aufführung

Wenn jemand ein traumhaftes Stück träumt, muß auf der Bühne natürlich ein Bett oder ähnliches als Requisite bereitstehen. Dieses befindet sich im rechten Hintergrund der Bühne. Helmut, der Träumer, erlebt von dort die gesamte Handlung im Traum aktiv mit. Neben dem Bett schließt sich der Besucherraum eines Aquariums an, in dessen Hintergrund eine Bank (2 Stühle) für Hanna steht. Daneben benötigt man einen weiteren Stuhl, der als Lüftungsschacht dient und mit einem entsprechenden Hinweisschild versehen werden sollte. Auf der linken Bühnenseite spielt das Geschehen im Fluß. Die Aquariumsscheibe, die Fluß und Besucherraum trennt, wird durch die Stuhllehnen nebeneinanderstehender Stühle symbolisiert.

Für die Wesen des Flusses sollte der Spielleiter einige Badekappen bereithalten. Natürlich sind auch aufwendigere Verkleidungen denkbar.

Bei der Rollenverteilung sollte die Titelfigur gezielt besetzt werden. Vielleicht hat ja sogar jemand den passenden Tonfall drauf. Die Lautäußerungen (Aaaah, Ooooh, Buh) sollten bei entsprechenden Handzeichen des Spielleiters erfolgen und daher kurz erprobt werden.

Sollten Ähnlichkeiten mit tatsächlich lebenden Personen vorhanden sein, sind diese rein zufällig. Dennoch eignet sich das Stück, es bestimmten Persönlichkeiten auf den Leib zu schreiben.

Nach der Aufführung sollte sich der Spielleiter mit den eingetriebenen Schutzgeldern einen schönen Abend machen.

Helmut, der Hecht

Der Vorhang geht auf.✻
Das Publikum flüstert: "Leiser, Mensch,✻ mach nicht solchen Krach."✻
Der Vorhang ist verwirrt: "Wie denn,✻ wo denn,✻ was denn?✻ Was ist denn los?"✻
Das Publikum deutet auf das Bett: "Da schläft doch einer,✻ sei leise, Mensch!"✻

Und tatsächlich, in dem Bett liegt Helmut, der Schläfer, und pennt.✻ Ein leises Schnarchen durchdringt die nächtliche Ruhe.✻ Der Vorhang ist betrübt,✻ er wollte wirklich nicht stören. Er geht zu Helmut,✻ zieht dessen Hand unter der Bettdecke hervor,✻ schüttelt sie kräftig✻ und ruft: "Entschuldigung!"✻
Helmut, der Schläfer, nimmt dankend die Entschuldigung an: "Gib Ruhe, du Idiot!"✻
Publikum: "Buh!"✻
Der Vorhang legt sich zufrieden zu Helmut.✻

Doch da, - was ist das?

Helmut, der Schläfer, bewegt sich.✻ Er scheint zu träumen ...✻
Publikum: "Aaah."✻

Er sieht ein Naturaquarium, denn aus einem Besucherraum blickt man durch eine Glasscheibe direkt in einen großen Fluß. Eine famose Unterwasserlandschaft wird erkennbar.
Einige Algen sind zu sehen.✻ Durch die Strömung werden sie alle in eine Richtung gebogen.✻ Sie halten sich die Bandscheiben✻ und klagen:

> "Leute, hier könnt ihr es sehen,✻
> immer nur so schief zu stehen,✻
> nervt auf Dauer uns schon sehr.✻
> Wir wär'n sicher besser drauf,✻
> wüchsen wir gerade auf,✻
> ach, wie schön wär's doch im Meer."✻

Friedrich, der Fisch, hingegen findet die Strömung toll.✻
Er schwimmt munter um die Algen herum.✻ Dann und wann sagt er: "Blub.✻ Blub.✻ Blub.✻"

Ein Ehepaar betritt den Besucherraum.* Es handelt sich um eine gewichtige Persönlichkeit ...*
Publikum: "Buh."*
... und Hanna, seine Angetraute.*
Publikum: "Aaaah."*
Die gewichtige Persönlichkeit strahlt Macht aus.*
Publikum: "Ooooh."*

Die Persönlichkeit erblickt den Fisch* und spricht: "Guck mal, Hanna,* ein Fich."*
Hanna seufzt: "Das heißt Fisch."*
Die Persönlichkeit: "Sag ich doch: Fich."*
Hanna gibt es auf und sagt: "Nun entspann dich erstmal,* das regeln wir später."*
Sie setzt sich auf eine Bank und vertieft sich in ein Buch.*

Helmut, der Träumer, spricht im Schlaf: "Keiner versteht mich,* keiner versteht mich richtig,* nicht einmal Hanna."*

Die gewichtige Persönlichkeit beobachtet Friedrich, den Fisch,* und denkt:

> "Wenn ich schon so vielen Men(s)chen,*
> Möllemännern und auch Gen(s)chen,*
> täglich meine Macht beweise,*
> klappts auch hier, sonst ist das (S)cheiße."*

Er beginnt, mit dem Finger auf der Glasscheibe hin und her zu fahren.*
Publikum: "Ooooh."*

Doch da, - was ist das?

Friedrich, der Fisch, denkt gar nicht daran, seinem Finger zu folgen. Statt dessen haut er sich vor Lachen auf die Flossen.*
Die Algen wenden sich kurz Helmut zu* und stellen fest: "Armer Kerl."*
Helmut, der Träumer, seufzt: "Wer?* Ich?* Ach!"*

Friedrichs Lachen lockt Frieda, die Fischin, an.* Sie schubbert ihre Schuppen an den Algen.* Dann mustert sie die gewichtige Persönlichkeit bei ihren Bemühungen,* lacht sich ebenfalls schlapp✻ und prustet: "Den kenn ich,✻ der heißt Helmut."✻ Sie lacht: "Blub.✻ Blub.✻ Blub."✻

Helmut, der Träumer, wühlt in seinem Bett.✻ Helmut, der Gewichtige, wird zornig:

"Wär das Glas hier nicht dazwi(s)chen,✻
würde ich euch schon erwi(s)chen, ..."✻

Publikum: "Buh."✻

"... würde meine Macht schon zeigen,✻
würde euch den Tango geigen."✻

Publikum: "Ooooh."✻

Da, Helmut, der Gewichtige, der an sich glaubt, ...
Publikum: "Aaaah."✻
... macht einen zweiten Versuch.✻ Beharrlich fährt sein Finger auf der Scheibe hin und her.✻
Friedrich und Frieda schütten sich aus vor Lachen.✻

Hanna schaut von ihrem Buch auf und lächelt verzückt Helmut an.✻ Sie denkt:

"Ach, des Helmuts Fingerspiel,✻
weckt in mir ein Lustgefühl.✻
Ach, ihr Fische, ach ihr Süßen,✻
sollt den Helmut von mir grüßen."✻

Friedrich und Frieda winken ihm mit einer Flosse zu✻ und sagen: "Blub.✻ Blub."✻
Helmut, der Gewichtige, ist verblüfft.✻ Das war zwar nicht das, was er wollte, aber immerhin war es beeindruckend.
Publikum: "Ooooh."✻

Er holt einen Stuhl,✻ setzt sich direkt vor die Scheibe✻ und schaut gebannt den Fischen zu.✻
Er sinniert:

"Wenn Fi(s)che in dem Wasser schwimmen,✻
dann ist mir so, als hört ich Stimmen, ..."✻

Publikum: "Ooooh."✻

"... doch würd ich sicher ganz schön frieren,✻
wär ich dort bei diesen Tieren."✻

Das Publikum fragt sich: "Was ist denn nun schon wieder?✻

Jetzt dreht er völlig ab."*
Helmut, der Träumer, zittert in seinem Bett.*

Friedrich und Frieda sind vom Lachen erschöpft.* Sie stellen ihre Kiemen auf Durchzug* und atmen tief.* Rhythmisch öffnen sie dabei ihre Mäuler.* So schwimmen sie direkt an die Scheibe heran* und schauen Helmut tief in die Augen.* Frieda ins Rechte,* Friedrich ins Linke.* Sie machen immer mal wieder: "Blub.* Blub."*

Helmut, der Gewichtige, sitzt unbeweglich da.* Nach einer Weile beginnt auch er, seinen Mund rhythmisch auf und zuzumachen* und es gelingt ihm ein erstes zögerndes "Blub."*
Frieda spricht, ohne den Blick von Helmut zu lösen:

"Pfund für Pfund ein ganzer Mann,*
ein ganzer Mann, der alles kann.*
Wie er blubbt dort still und leise,*
könnt' man mein', er hat 'ne Meise!"*

Publikum: "Aaaah."*

Helmut, der Träumer, pfeift eine lustige Melodie.* Helmut, der Gewichtige, folgt weiter dem Atemrhythmus der Fische.*

Friedrich spricht, ohne den Blick von Helmut zu lösen:

"Stark und groß, ein Bild von Mann,*
gewachsen wie ein Eichenstamm,*
doch wirkt er nun nicht mehr ganz echt,*
man könnte mein', er wär ein Hecht."*

Publikum: "Ooooh."*

Helmut, der Träumer, fuchtelt mit den Armen.* Mitunter kriegt auch der Vorhang was ab.*
Publikum: "Buh."*
Schlaftrunken murmelt dieser: "Laß mich in Ruhe,* ich will pennen!"*

Hanna schaut von ihrer Lektüre auf* und sieht ihren Helmut reglos dasitzen.* Sie freut sich:

"Lustig ist's, wenn Kanzler spielen,*
mit den Fischen und den Tieren.*

Doch nach dieser kleinen Sause,*
müssen wir nun schnell nach Hause."*

Doch da, - was ist das?

Helmut will nicht nach Hause.* Stattdessen macht er Schwimmbewegungen.*
Publikum: "Ooooh."*
Er kommt sogar vorwärts.*
Publikum: "Aaaah."*
Mit der geballten Kraft eines riesigen Hechtes drückt er mit seinem Maul gegen die Glasscheibe.
Publikum: "Buh."*
Da! Ein Knirschen!* Ein Krachen!* Ein Bersten!* Die Scheibe zerbricht. Das Plätschern des Flusses wird zum Rauschen!* Das Rauschen zum Getöse!* (Publikum)

Auch Hanna wird von dem einbrechenden Wasser erfaßt.* Sie steigt auf ihre Bank* und brüllt durch das Inferno:

"Helmut, Helmut, komm heraus,*
Helmut, ich will jetzt nach Haus,*
es ist so kalt, es ist so naß,*
es wässert ohne Unterlaß!"*

Das Publikum will aber, daß das Stück weitergeht und brüllt zurück: "Buh."* Ein gellendes Pfeifkonzert!*
Doch Helmut schwimmt vorwärts.*
Publikum: "Aaaah."*

Frieda und Friedrich flüchten in Panik und verstecken sich hinter den Algen.*
Die Algenmafia ist sich einig.* Sie spricht:

"Sind wir sonst zu gar nichts nutze,*
bieten wir den Fischen Schutze,*
vor den Mächt'gen dieser Welt,*
rückt es raus, wir wollen Geld."*

Publikum: "Ooooh."*

Ohne zu murren, entrichten Frieda und Friedrich ihre Artenschutzgebühr.*

Inzwischen ist auch Hanna abgesoffen,* da der Besucherraum ein Teil des Flusses geworden ist.
Doch mühsam gelingt es auch ihr, ihre Atmung umzustellen* und zu blubben.* Sie versucht, Helmut zu folgen. Doch sie zittert vor Kälte.* Ihr Gebiß klappert.* So kann man nicht vorwärts kommen.

Helmut, der Hecht, ist wild entschlossen, Frieda und Friedrich zu jagen.* Er zieht seine Kreise* und frohlockt:

"So als Hecht, da (s)chwimm ich munter,*
in den Flüssen rauf und runter,*
so als Fi(s)ch, da läßt's sich leben,*
nach Hechtes Glück will ich jetzt streben.*
Blub.* Blub.* Blub."*

Helmut, der Träumer, faselt im Schlaf: "Fischers Fritze fischt frische Fische,* frische Fische fischt Fischers Fritze."*
Fritz! Das war das Stichwort! Durch die zerbrochene Scheibe krabbelt Fritz, der Flußkrebs, in den überfluteten Besucherraum.* Er prüft die Gegend* und zufrieden markiert er sein neues Revier.*

Hanna schaut zitternd zu.* Helmut, der Hecht, zieht weiter seine Kreise.* Mit grimmigen, entschlossenen Augen nähert er sich den Algen.*
Publikum: "Buh."*
Frieda und Friedrich verdoppeln die Artenschutzgebühr.*
Publikum: "Ooooh."*
Die Algen beginnen, schützend zu wachsen.*
Publikum: "Aaaah."*

Helmut, der Hecht, kann seine Opfer nicht erkennen.* Er fühlt sich einsam.*

Helmut, der Träumer, ruft verzweifelt: "Hanna, du Holde,* huldige mir,* ich hole dich!"*

Helmut, der Hecht, sucht Hanna.* Schwer atmend schwimmt er in den Besucherraum,* die Kiemen auf Durchzug gestellt.* Er macht: "Blub.* Blub.* Blub."*

Fritz, der Flußkrebs, baut sich wütend vor dem Eindringling auf* und droht heftig mit seinen Scheren.*
Publikum: "Ooooh."*

Hanna, vom Zittern geschwächt,* hat offenbar nichts geschnallt, aber sie meint, Helmut zu erkennen.*
Hanna haucht: "Helmut,* heiliger Bimbam,* wie siehst du denn aus?"*
Helmut schaut an sich herab.* Mit Mühe erkennt er seine Schwanzflosse.*
Kein Zweifel, er muß Hanna aufbauen und frohlockt:

"Bin Hecht der Hechte, riesengroß,*
bin wahrhaft kein (S)chlabberfloß,*
steck voll Kraft und Energie,*
wie so manches Bullenvieh!"*

Publikum: "Buh."*

Fritz, der Flußkrebs ist erbost, daß sein neues Revier so mißachtet wird. Er flucht:

"Hau ab, du riesengroßer Hecht,*
denn es ist mir gar nicht recht,*
dich in meinem Reich zu haben.*
Schwing die Flossen, nun man los,*
tust du's nicht, dann sag ich bloß,*
kommst du hier zu Schaden."*

Publikum: "Aaaah:"*

Hanna stammelt: "Oh, Helmut,* du Hecht,* Fürst des Flusses,* König der Fische,* laß dir nichts gefallen!"*
Fritz, der Flußkrebs, ist sauer.* Wutschnaubend krabbelt er zu Hanna* und fuchtelt mit den Scheren.* Der Worte sind genug gewechselt.
Entschlossen kneift Fritz in Hannas Schwanzflosse.*

Helmut, der Träumer, wimmert: "Oh, Hanna."*

Hanna keift: "Helmut,* herrlicher Hecht,* holder Held,* Helfer der Hannen,* hilf!"*
Doch Helmut ist unschlüssig,* er zuckt mit den Flossen* und murmelt: "Wär ich doch bloß in Oggersheim geblieben."*

Während Helmut, der Hecht, noch abwägt,✻ krabbelt Fritz auf ihn los✻ und kneift zu.✻ Mitten in die Bauchflosse.✻
Helmut jault auf:

"Himmel, Ar(s)ch und Sauenmagen,✻
das wirst du nicht noch einmal wagen,✻
überall, auch hier im Rhein,✻
meine Flosse, die ist mein!"✻

Doch Fritz will es noch einmal wagen.✻ Er nimmt einen neuen Anlauf.✻
Helmut kann gerade noch ausweichen.✻ Eine wilde Jagd beginnt.✻ Das Publikum feuert die Akteure an.✻ Die eine Hälfte brüllt für Fritz,✻ die andere Hälfte für Helmut.✻

Helmut, der Träumer, wühlt wild.✻ Dabei schmeißt er den Vorhang aus dem Bett.✻ Dieser öffnet kurz die Augen✻ und fragt: "Bin ich schon dran?"✻
Publikum: "Buh!"✻
Er schläft weiter.

Die Anfeuerungsrufe für Fritz und Helmut werden lauter.✻
Die Fanclubs beginnen, sich zu balgen.✻ ✻ ✻ ✻
Die Algen erkennen die einzigartige Chance;✻ sie sprechen zum Publikum:

"Wenn ihr weiter euch verhaut,✻
kriegt ihr Beulen, mit Verlaub,✻
doch Schluß ist's mit den Schmerzensqualen,✻
wollt ihr uns ein Schutzgeld zahlen."✻

Die Fanclubs versöhnen sich✻ und zahlen bereitwillig ihre Artenschutzgebühr.✻ Aus Angst vor neuen Balgereien zahlen einige sogar mit Scheinen.✻

Doch da, - was ist das?

Gustav, die gelbe Giftbrühe, naht.✻ Sie stinkt erbärmlich nach Chemie.✻ Gustav spricht:

"Hier kommt Gustav, daß ihr's wißt,✻
hier kommt Gustav, voller Gift,✻
wurde im Labor geklont,✻
keiner wird von mir verschont,✻

hier kommt Gustav, ich bin gelb,✻
hier kommt Gustav, dieser Held,✻
ohne Helm und ohne Hut,✻
Mach ich diesen Fluß kaput(t)!"✻

Publikum: "Buh."✻

Unter den Wesen des Flusses bricht Panik aus.✻ Frieda und Friedrich verlassen ihr Versteck bei den Algen und flüchten durch den überfluteten Lüftungsschacht.✻ Hanna und Fritz flüchten hinterher.✻ Die Algen versuchen zu retten, was zu retten ist. Sie geben die eingetriebenen Schutzgelder dem Bühnensprecher.✻ Dieser lächelt.✻

Gustav, die Giftbrühe, schwabbert über die Algen.✻ Er lacht: "Hö. Hö. Hö."✻ Da ist sogar die Mafia machtlos.✻ Die Algen verwelken.✻

Helmut, den Hecht, durchzuckt ein Gedanke.✻ Gegen diesen gelben Gustav kann er wahrlich nicht anstinken. Er muß hier weg! Mit kräftigen Flossenschlägen schwimmt er im Kreis,✻ immer schneller.✻

Das Publikum skandiert: "Helmut, Helmut!"✻

Er schwimmt auf die Lüftungsklappe zu,✻ - hinein✻ und bleibt stecken.✻

Publikum: "Ooooh."✻

Helmut, der Träumer, zappelt wild im Bett.✻ Helmut, der Hecht, zappelt in der Lüftungsklappe.✻

Gustav, die Giftbrühe, kommt immer näher.✻ Sie sieht Helmuts hintere Hälfte und lacht: "Hö. Hö. Hö."✻

Publikum: "Buh."✻

Helmut, der Hecht, ruft verzweifelt:

"Ich will hier raus, ich will jetzt weiter,✻
Gustavs Gift, das stinkt wie Eiter,✻
mein Glück als Hecht war viel zu kurz,✻
ich häng hier wie 'ne Leberwurz!"✻

Doch da, - was ist das?✻ Ein Lied!

Publikum: "Im Frühtau zu Berge ..."✻

Das muß der Radiowecker sein.
Publikum: "Aaaah."*
Helmut, der Träumer, wird wach.* Ebenso der Vorhang.*
Helmut, der wache Träumer, verkündet: "Guten Morgen, Deutschland."*

Schlaftrunken torkelt der Vorhang vor und geht zu.*

Friedrich, der Fisch, und Frieda, die Fischin, schwimmen an die Scheibe heran und ziehen Helmut in ihren Bann: "Blub, blub ..."

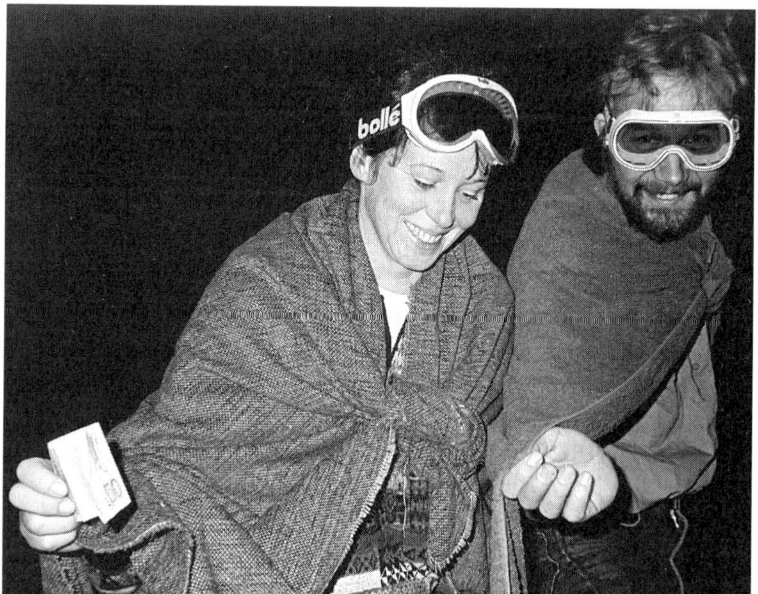

Die Algenmafia schlägt zu: "... wollt ihr uns ein Schutzgeld zahlen!"

Helmut, der Hecht.

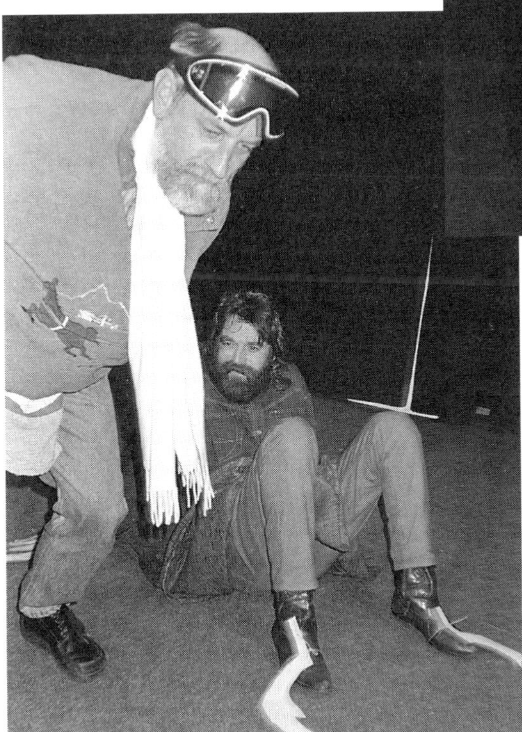

Fritz, der Flußkrebs:
"Schwing die Flossen, nun mal los,
tust du's nicht dann sag ich bloß,
kommst du hier zu Schaden!"

Das Matterhorn

Rollen

Vorhang
Das Matterhorn
3 Schneeflocken / Schneetreiben / Lawine
Wind
Gabi, die Gams
Stefan, der Steinbock
Vroni, die Sennerin
Gustl, der Gipfelstürmer
2 Kühe
Geißen-Peter

Hinweise zur Aufführung

Für dieses Stück ist es wünschenswert, den Schauspielern Zeit zur Verkleidung zu geben, stellt sich doch die spannende Frage, wie jemand das Matterhorn interpretiert oder als Schneeflocke auftritt.

Als Bühnenrequisiten sind lediglich einige Stühle notwendig, die dem Matterhorn die nötige Höhe ermöglichen bzw. Gabi und Stefan als Kletterfelsen dienen.

Der Bühnensprecher sollte das Publikum, wie bei den anderen Dramen, nachdrücklich mit in die Aktionen einbeziehen, um dem Stück die so wichtige atmosphärische Dichte zu geben.

Das Matterhorn

Prolog des Sprechers:

Das Matterhorn,
Das Matterhorn,
Ist ziemlich spitz
Und steil von vorn,
Und steil ist's auch von hinten.
Wenn's nicht so wär,
Dann wär es schwer,
Das Matterhorn zu fin(d)ten.

So ragt es ziemlich streberisch,
Auffällig und angeberisch
In ziemlich große Höhn.
Weit jenseits Baumes Wipfel
Ragt Matterhornes Gipfel!
Das ist zum Schaudern schön.

Der Wand'rer sieht den Felsendorn
Und denkt: "Aha, das Matterhorn!"
Und läßt sich sinnend nieder
Und denkt an jene Lieder,
Und denkt an die Geschichten,
Die uns Klaus Arp und Burkhard Blatt
Vom Matterhorn berichten.

Zum Beispiel folgende Begebenheit, die Ihr, liebe Schauspieler, in Eurer unnachahmlichen Art nunmehr zum Vortrage bringen werdet.
Das Publikum trampelt und klatscht.*

Gleich geht es los. Wir befinden uns in einer Zeit, die so einen Touch 1841, 1912 und 1985 hat.
Zunächst sehen wir nur den Vorhang.
Schaut nur, wie er dort alt, ehrwürdig und faltig die Szene verhüllt.*
Jetzt geht er auf.* Danke, lieber Vorhang!

Wir befinden uns eindeutig in den Alpen; denn ein spitzer, steiler Berg mit Schnee auf dem Gipfel überragt die Landschaft. Man sieht dem Berg an, daß er das Schicksal vieler Zwetschgenbäume teilt und noch nie bestiegen worden ist.*
Publikum: "Oooh!"*
Doch wer wird dieses Massiv sein?
Der Brocken? Der Annapurna? - Das kann nicht sein, die stehen im Schwarzwald.
Publikum: "Unsinn,* - stimmt nicht,* - die stehen in den Abruzzen, oder wie, oder was ..."*

Doch hört, der Berg spricht mit feiner, gewählter Stimme; mit Schwyzer Akzent:

"Ich bin der Berg der Berge,*
die andern Berg' sin Zwerge.*
Ein Berg von echtem Schrot und Korn,*
ich bin das spitze Matterhorn.*
Bin sehr schwer zu besiegen.*
Obwohl ich doch so spitz bin,*
wurd' ich noch nie bestiegen."*

Publikum (bedauernd): "Ooooh..."*

Drei Schneeflocken schweben aus den Wolken herab,* umtanzen den Berg* und lassen sich an seiner Flanke nieder.* Sie jauchzen lauthals.* Sie schließen beruhigt die funkelnden Äuglein* und fallen zunächst in tiefen Schlaf.*
Das Publikum erlebt endlich wieder einen Winter und singt begeistert: "Leise rieselt der Schnee ..."*

Geißen-Peter rennt über die Szene,* einmal hin und einmal her,* er scheint unruhig,* sehnsuchtsvoll ertönt seine Stimme:

"Heidi, - Heidi!"*

Dann verschwindet er wieder.*

Da, - Gabi, die Gams!* Mit spielerischen Bocksprüngen nähert sie sich dem Matterhorn,* den einen oder anderen Fels überkletternd.* Leidenschaft glänzt in ihren Sehern. Frech schaut sie ins Publikum:

"Hallo, du, du Publikum,✻
du schaust so dumm."✻

Das Publikum ist empört: "Blöde Gams,✻ werd' bloß nicht frech,✻ sonst jagen wir dich wech."✻

Gabi lenkt ein:

"Entschuldigung, Entschuldigung,✻
ich bin nur hinter Stefan her,✻
denn den Stefan mag ich sehr.✻
Stefan, ja, das sag ich hier,✻
schönstem Steinbock im Revier, ..."✻

Publikum: "Aaaa!"✻

"... will ich an den Wedel gehn.✻

Publikum: "Iiii!"✻

Ach, ihr solltet Stefan sehn.✻
Es können wahre Gemsen✻
sich nur sehr selten bremsen,✻
wenn sie einen Steinbock sehn,✻
dem die Hörner prima stehn."✻

Publikum: "Ooooh!"✻

Gabi erschrickt plötzlich.✻ Geißen-Peter rennt erneut durchs Bild.✻ Sein Ruf schallt:

"Heidi, - Heidi!"✻

Weg ist er wieder.✻
Ein kalter Wind läßt den Schnee an den Flanken des Matterhorns kurz aufstäuben.✻ "Hui!" sagt der Wind;✻ "Hui, Hui!"✻ Während der folgenden Minuten umwandert er mit bedächtigen Schritten das Bühnengeschehen,✻ zuweilen ein "Hui, Hui" ins Publikum rufend.✻ Denn ein Bergwind ist allgegenwärtig.

Doch da, - was ist das?

Stefan, der Steinbock, kommt mit gemessenem Steinbockschritt über die rechte Flanke des Matterhorns geschnürt.✻
Sein Blick geht nach links.✻ Er lächelt.✻ Mit glänzenden Zähnen: "Hallo, Matterhorn."✻
Das Matterhorn reagiert blitzschnell: "Hallo, Stefan. Gut siehst du aus."✻

Stefan schüttelt sein hornbewehrtes Steinbock-Haupt.✻ Es ertönt der bekannte Steinbockruf:

"Bö, Bö, Bö!"✻

Publikum: Donnernder Applaus.✻

Alle, auch die Schneeflocken, erschrecken.✻
Stefan springt steinbockmäßig stolz ins Tal✻ und verkündet:

"Ich hör' Gelächter, hör Gekicher,✻
doch wisset, ihr im Publikum,✻
vor mir ist keine sicher."✻

Stefans Wedel verjagt eine Fliege,✻ dann beginnt er, hinterm Matterhorn zu grasen.✻
Da es Vorfrühling ist, hören wir Vogelgezwitscher.✻ Die ganze Alpenwelt zwitschert und tiriliert.✻
Sprecher und Publikum: "Tirilier, Zwitscher."✻

Es ist die Zeit des Almauftriebs. Vroni, die wunderschöne Sennerin, treibt ihre zwei Kühe auf die Matterhorn-Alm.✻
Mit einem Stöcklein treibt sie mal die eine,✻ mal die andere.✻
Die Kühe muhen hin und wieder.✻
Aus dem Publikum hört man Glocken.✻
Geißen-Peter rennt wieder vorbei.✻
Vroni singt:

"Hier drom auf dem Berge,✻
da stand ein Gerüst.✻
Da wurde ich manchmal✻
elektrisch geküßt."✻

Publikum: "Holladihia ..."✻

"Sehr nützlich ist manches
Elektro-Gerüst,✻
doch werde ich lieber ganz
menschlich geküßt."✻

Publikum: "Holladihia ..."✻

"Drum schick mir, oh, liebster
Matterhorn-Gipfel,✻
ein menschliches Wesen mit Mund
und mit Zipfel."✻

Publikum: "Holladihia ..."✻

Vroni blickt auf ihre Uhr.* Es ist Melkzeit. Während Geißen-Peter wieder vorbeirennt und "Heidi, - Heidi" ruft,* beginnt sie, die erste Kuh sorgfältig zu melken.* Die Tiere kommentieren dieses mit zufriedenem Muhen.*

Doch da, - was ist das?

Ein jubelnder Jodler ertönt.*
Gustl, der Gipfelstürmer,* wandert auf die Bühne.* Man sieht ihm an, daß er sich in der ersten Metallphase seines Lebens befindet;* mit silberhellem Lachen,* mit stählernen Muskeln* und goldenem Herzen.*
Publikum: "Gustl, Gustl, - der 13. Apustl!"*
Gustl schaut zum Matterhorn hoch und deklamiert;* während der Bergwind "Hui, Hui" macht und Geißen-Peter nach Heidi ruft:

> "Ich bin doch kein Apustl,*
> bin nur der fesche Gustl,*
> o Matterhorn, o Matterhorn,*
> du ziemlich steifer Felsendorn,*
> heut steigt ein Mensch mit Zipfel,*
> auf deinen schönen Gipfel."*

Publikum: "Aaaah!* Aaaah!"*

Das Matterhorn lacht breit und ruft Vroni zu:

> "Hör, Vroni, was der Mensch dort spricht!*
> Nun, Vroni, geh und zög're nicht."*

Vroni springt vom Melkschemel auf* und läßt gleichfalls einen Jubel-Jodler hören.* Die Kühe sind sehr erschrocken* und vollführen einige erschrockene Sprünge.* Vroni und Gustl stehen einander gegenüber.* Beide fassen sich ans Herz,* Vroni an Gustls,* Gustl an Vronis.*
Vroni ruft: "Grüezi, Gustl!"*
Gustl antwortet: "Grüezi, Vroni!"*
Dieser Ausbruch von Leidenschaft wird von allen Beteiligten (auch vom Publikum) mit Brunftschreien,* Muhen* und Glockengebimmel* begleitet.
Vroni fragt: "Du, Gustl?"*

Gustl antwortet: "Ja, Vroni."*
Vroni fragt: "Hast oan Zipfel?"*
Gustl bedenkt sich,* überprüft die Frage,* dann verkündet er stolz: "Jo, freili."*
Das Publikum rast vor Begeisterung.*

Gustl fährt fort, indem er das Dirndl mit seinen starken Armen umfängt:*

"Du, Vroni, du, mein Madl;*
jetzt bitte keinen Tadel!*
Bevor ich meinen Zipfel zeig,*
ich erst das Matterhorn besteig!"*

Das Publikum ist schwer beeindruckt.*
Man hört Kommentare wie: "Bravo;* ein Moralist;* recht so, Gustl,* erst die Arbeit, dann das Vergnügen!"*

Vroni ist ein wenig enttäuscht,* sie seufzt,* sagt dann tapfer:*
"Na guat, dann werd i zuend melken.* Doch eil di, Gustl.*
Bevor du die zweite Metallphase erreichst."*
Gustl: "Hä?"* Vroni: "Naja, weischt doch:* Silber im Haar,*
Blei in den Gliedern* und Rost in der Flinten."*
Vroni ergreift das nächsthängende Euter* und melkt so stark,* wie man nur unter Triebstau melken kann.*

Gustl steigt das Matterhorn hinan.* Ein schwieriges Unterfangen.
Denn während Geißen-Peter ins Publikum läuft* und eine Person ergreift,* die er Heidi tauft,* wird der Wind stärker* und wirbelt die Schneeflocken hoch.* Gustl stapft durch heulenden Schneesturm.* Um ihn werden die Flocken dichter.* Vroni, typisch Sennerin, denkt nur ans Melken.*
Das Publikum feuert Gustl an, den der dicke Schneefall stark behindert.*
Das Matterhorn schreit:

"Gustl, Gustl, komm doch,*
ich will endlich bestiegen werden!"*

Doch da, - was ist das?

Die Flocken werden zur Lawine.* Gustl ist kurz vorm Gipfel.* Er sieht die Gefahr.* Auf der Alm schauen jetzt alle dem Matterhorn-Drama zu.*
Vroni hält sich an ihren Kühen fest* und zittert vor Angst.* Gabi und Stefan treffen einander,* sagen "Hallo"* und schauen hoch.* Geißen-Peter zerrt seine neue Heidi auf die Bühne* mit der Bemerkung: "Schau naufi, da kannst was von lerna."*

Mit letzter Kraft versetzt Gustl im tobenden Sturm dem Gipfel einen Klaps,* dann packt ihn die Lawine* und rollt donnernd zu Tal* - unserer Vroni genau vor die Schürze.*
Und - er lebt noch!* Denn er stößt einen Jodler aus.*
Vroni hockt sich nieder* und nimmt Gustls Kopf in den Schoß.* Sie jodelt leise.* Die Kühe muhen erfreut* und käuen zufrieden wieder.*

Gabi zupft Stefan am schönen Wedel* und spricht: "Oh Stefan!"* Er streichelt ihren Gamsbart und meint: "Oh, Gabi."*
Geißen-Peter kneift seine Heidi,* die einen Juchzer tut.*
Die Lawine schmilzt.* Ein Tirilieren und Jubeln ist in der Luft.*
Das Matterhorn strahlt nach seiner Erstbesteigung.*
Und da Vroni sich schon um Gustls Gipfel-Zipfel kümmert,* singt Gustl die bekannte Strophe:*

"Da drom auf dem Berge,*
jodeldeidi, da wohn i,*
erst geh i auf's Matterhorn,*
dann auf die Vroni."*

Alle: "Holladihia ..."*

Der Vorhang geht schnellstens zu,* da auch verwöhnte Voyeure im Publikum neugierig werden.

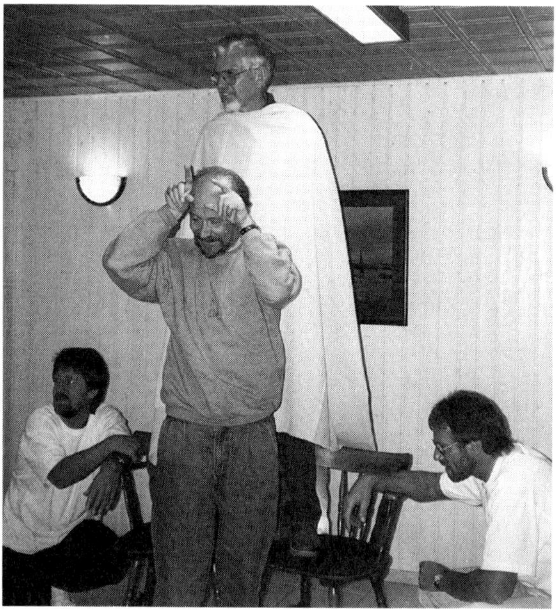

Gabi, die Gams, vor der Kulisse
des Matterhorns:
"Es können wahre Gemsen
sich nur sehr selten bremsen,
wenn sie einen Steinbock sehn,
dem die Hörner prima stehn."

Es ist die Zeit
des Almauftriebs
- Vroni und ihre
Kühe.

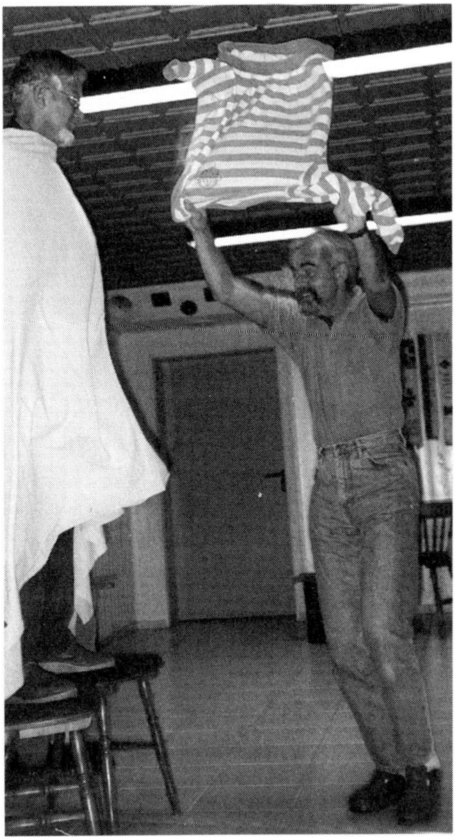

"Hui, hui!" sagt der Bergwind.

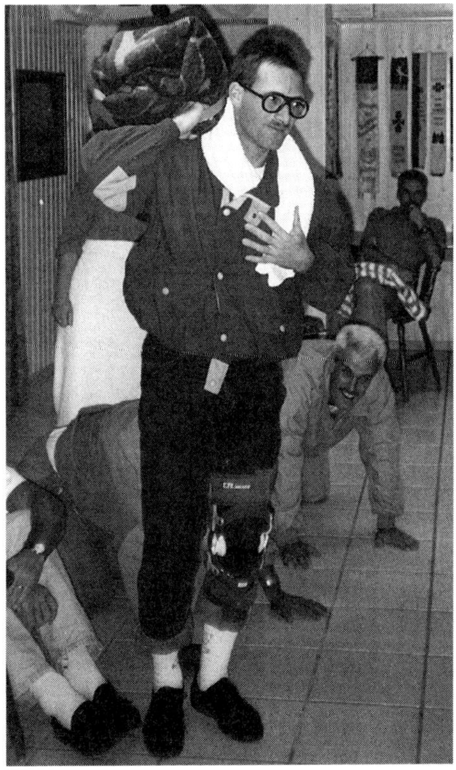

Gustl, der Gipfelstürmer:
"Ich bin doch kein Apustel,
bin nur der fesche Gustl."

Vroni und Gustl
fassen sich ans Herz.
Gustl an Vronis,
Vroni an Gustls ...

Schlußendlich ein Dankeschön

Von der Premiere des ersten Stückes bis zum vorliegenden Buch war es ein ziemlich langer Weg. Sieben fröhliche Jahre vergingen immerhin. Einigen von Euch, liebe Freunde, die Ihr auf vielen Etappen dieses Weges lustig mitgewandert seid, wollen wir diesen Band in Sonderheit widmen:
Dir, Margot, die Du unermüdlich schriebst und schriebst und schriebst und ...,
Dir, Eberhard, ohne den Olaf nicht lebte und stürbe und lebte und stürbe und lebte und stürbe und ...,
Euch, Schorsch und Konni, die Ihr die Premiere des "Willi" unvergeßlich machtet, so daß er wiederkehrt und wiederkehrt und wiederkehrt und ...,
Dank auch an Euch, Ihr Photografen, deren Schnappschüsse unser Werk zieren. So z. B. Deine, Ulli.
Und Dank Euch allen, die Schraubenschlüssel reichten, wenn's sich bei uns lockerte, und Dank an Euch, die Tassen kauften, wenn im Schranke Lücken waren.
Nochmals Dank.

Zu den Autoren

Klaus Arp (Jhg. 48) unterrichtet die Fächer Sport und Englisch an einem Gymnasium in Itzehoe.
Burkhard Blatt (Jhg. 54) unterrichtet Sport, Weltkunde und Musik an einer Gesamtschule in Eckernförde.

Die beiden Pädagogen organisieren seit vielen Jahren Klassenfahrten, Studienfahrten und Sportfreizeiten. Ihren Anspruch an solche Unternehmungen charakterisieren sie so:

"Wissen ist prima. Spiel und Spannung ist besser."
oder: "Wissen sollte -, Spiel und Spannung muß dabeisein."
oder: "Wissen darf -, Spaß muß sein."

Anregungen und Kritik ...

... nehmen die beiden Autoren gerne entgegen.
Wenn Sie Kontakt aufnehmen wollen:

* Klaus Arp
  Talstraße 14
  2210 Itzehoe

* Burkhard Blatt
  Fliederweg 42
  2330 Eckernförde

Rechtsradikalismus - (be)trifft uns nicht?

❑ Projekthandbuch: Rechtsextremismus

Dem Haß keine Chance

R.-E. Posselt, K. Schumacher

Ab 12 Jahre, 284 S., 15,3 cm x 22 cm, Pb.

19.80 DM

Handlungsorientierte Gegenstrategien und offensive, ausländerfreundliche Auseinandersetzungsformen mit rechtsextremistischen und rassistischen Tendenzen in der Jugendszene. Eine Sammlung von Ideen, Aktionen, Projekten, Argumenten und über 110 Beispielen für die praktische Arbeit mit Jugendlichen.

Erziehung gegen Gewalt

❑ Die Gewalt stoppen

Ein Praxisbuch für die Arbeit mit Jugendlichen

Allan Creighton, Paul Kivel

Ab 12 Jahre, 180 S., 15,3 cm x 22 cm, Pb.

24.80 DM

Von klein auf lernen wir, was "ein richtiger Junge" und was "nur ein Mädchen" ist; lernen mit Ausdrücken wie "schwule Sau", "Kümmeltürke" oder "Bimbo", Minderheiten abzuwerten und üben uns in Gesten der Überlegenheit und im Gebrauch der Macht. Bei Wochenendrandalierern, Skins und Rechtsradikalen ist aus diesem "Machtspiel" blutiger Ernst geworden.

Das Praxisbuch "Die Gewalt stoppen" ist entstanden aus der langjährigen konkreten Arbeit mit gewaltbereiten Jugendlichen in den USA. Es hilft Jugendlichen und ErzieherInnen, erlernte Verhaltensmuster bewußt zu machen und abzubauen und andere in der Gruppe in ihrer Andersartigkeit zu verstehen und zu akzeptieren. Immer steht es auf seiten der Jugendlichen, ermutigt sie in phantasievollen Übungen und Aktionsformen, Selbstbewußtsein zu entwickeln und ihre eigenen Interessen effektiv, aber ohne Gewalt durchzusetzen. Ein Standardwerk für ErzieherInnen, JugendarbeiterInnen und Eltern!

❑ Projekthandbuch: Gewalt und Rassismus

R.-E. Posselt, K. Schumacher

Ab 12 Jahre, 352 S., 15,3 cm x 22 cm, Pb.

19.80 DM

Das "Projekthandbuch: Gewalt und Rassismus" der Arbeitsgruppe "SOS Rassismus NRW" setzt dem (selbst)zerstörerischen Treiben rechtsextremistischer Gruppen eine aktive, kreative, lebendige Lebensweise entgegen: Mit Aktionsvorschlägen, Arbeitsblättern, Spielen, Liedern, Comics, Theater u.a. will es ohne Gewalt gegen die Gewalt angehen. Es definiert "Deutschland" positiv und nicht diskriminierend, setzt Fakten gegen Vorurteile, klopft Politikern und Medien auf die Finger und ermutigt Kinder, Jugendliche und Erwachsene, die Verhältnisse mit- und umzugestalten. Außerdem zeigt es Alternativen auf: Multikulturelles Lernen, Zivilcourage, Umgehen mit Entfremdung, Zukunfts- und Ideenwerkstatt. Ein Buch, das Mut macht, selbst aktiv zu werden!

Überdenken, ...

❑ Friedenserziehung und Aggression

Aktualisierte und überarbeitete Auflage

W.-D. Zimmermann

Ab 12 Jahre, 72 S., A4, Papph.

30.00 DM

Materialien, Informationen, Übungen, Rollenspiele und Projekte zu einem äußerst menschlichen Thema. Was ist Frieden? Aggressionstheorien, Vorurteile und Aggression, Vorbilder, Beobachtungslernen, Umgang mit anderen, Geschlechterrollen, Gewalt gegen Frauen, Arbeitslosigkeit, Gewalt in der Schule, Strukturelle Gewalt, Frieden ohne Ende oder ein Ende ohne Frieden? Bewußtwerdung gesellschaftlicher und individueller Aggressionen und deren Bedingungen. Möglichkeiten des Abbaus, neue Durchsetzungsstrategien.

... umdenken, ...

❑ Aus Erfahrung lernen - Mit Erfahrung spielen

Handeln erkunden in Gruppen

Überarbeitete Auflage

Zimmermann, Zeppenfeld, Krämer

71 S., A4, Papph.

28.00 DM

Rollenspielvorschläge zu Alltagskonflikten in Schule und Elternhaus, aus der Praxis entwickelt, direkt in der Praxis einsetzbar. Überarbeitete Auflage, mit neuen Spielideen und einer systematischen Anleitung zum Einsatz von Rollenspielen, die speziell für "Anfänger" wissenswerte Anregungen enthält. Schwerpunkte: Einstiegsübungen und Anfangsspiele, Entscheidungsprozesse, Konflikte zwischen Jungen und Mädchen, Gruppe und Außenseiter, Konflikte zwischen Gruppen. Dazu Beobachtungshilfen und Literaturhinweise.

... sich ändern

❑ Umgehen (mit) der Endzeitstimmung

Gesellschaftliche und pädagogische Konzepte gegen die Resignation

Walter Marahrens, Hans Stuik (Hrsg.)

176 S., 16 cm x 23 cm, Pb., viele Fotos

17.80 DM

Krieg, Hunger, Vertreibung, Naturzerstörung, Umweltkatastrophen ... - tagtäglich prasseln Schreckensmeldungen und grauenvolle Bilder auf uns ein. Das weltweite Ausmaß solcher Ereignisse aber stellt jedes Engagement einzelner in Frage: Was nützt es, bei mir zu Hause Energiesparlampen zu benutzen, wenn zur gleichen Zeit in der Ukraine Tschernobyl wieder ans Netz geht? Angesichts der scheinbaren Folgenlosigkeit individuellen Handelns macht sich Resignation breit. Vor allem Kinder und Jugendliche fühlen sich ohnmächtig und orientierungslos: "Was kann denn gerade ich schon verändern?" Das Buch macht Mut, sich offensiv mit der Resignation auseinanderzusetzen.

Abreagieren mit

❑ New Games Die neuen Spiele

A. Fluegelmann, S. Tembeck

192 S., 20,7 cm x 22,6 cm, Pb., 250 Fotos

32.00 DM

60 neue Spiele für jedes Alter von 3-99 gegen den Schul-Frust, gegen Aggression und Gewalt und für ein konstruktives Ausleben der eigenen Energien, für ein spielerisches Kräftemessen und ein lustvolles Miteinander-Umgehen. Spiele für zwei bis zweihundert, für die ganze Familie und für den ganzen Tag, Rezepte für ein Spielfest und dafür, wie man Spiele spielend leitet.

❑ New Games Die neuen Spiele Band 2

A. Fluegelmann

192 S., 20,7 cm x 22,6 cm, Pb., 230 Fotos

32.00 DM

Nach dem großen Erfolg des ersten Bandes "New Games" werden wieder über sechzig Spiele mit lustigen Beschreibungen und vielen Fotos vorgestellt. Sie finden außerdem Hinweise, wie man andere fürs Spielen begeistern kann, welche Ideen hinter den neuen Spielen stecken und wie man neue Spiele erfindet.

❑ Das kleine Buch der neuen Spiele

D. LeFevre

136 S., 11 cm x 18,5 cm, Pb., viele Fotos

16.80 DM

Wie Energie von mir ausgeht, so kommt sie zurück. Mit dieser Grundhaltung bereist der Autor die ganze Welt und bringt mit seinen "Neuen Spielen" Katholiken und Protestanten in Irland, Palästinenser und Juden in Israel, Schwarze und Weiße, Alte und Junge zusammen. Über 30 Spiele ohne Konkurrenz, viele Hinweise für SpielleiterInnen und ausführliche Spielbeschreibungen.

positiven Zielen

Natur erleben und erspielen

❑ Auf die Natur hören

Joseph Cornell

96 S., 17,7 cm x 25,6 cm, Pb.,
viele vierfarbige, zum Teil ganzseitige Fotos
24.80 DM

Ein besinnliches, sensibles und trotzdem lebendiges Buch, das Zugänge zu einem tieferen Naturbewußtsein öffnet. Mit abstrakten Zahlen und theoretischem Wissen kann man Natur allenfalls verwalten. Joseph Cornell hilft, die Wege zur Natur wieder zu entdecken. Mit meditativen Aphorismen und Zitaten stimmt er für die Reise ein, die wunderschönen Naturfotografien von John Henderson machen neugierig, Anregungen für Beobachtungen und Aktivitäten draußen öffnen alle Sinne für neue Erfahrungen. So entsteht ein Erlebnisbuch für 31 Tage (z.B. einen Urlaub) für jeden, der alleine oder in der Gruppe der Natur näherkommen, sie erfahren und verstehen möchte. Zum Anschauen, Mitmachen, Verschenken. Für den Urlaub und zu Hause.

❑ Mit Freude die Natur erleben

Joseph Cornell

3-99 Jahre, 168 S., 14 cm x 21,6 cm, Pb.,
viele Fotos
19.80 DM

Das Grundlagenbuch zur spielerischen Naturerlebnispädagogik. Hier hat Cornell seine Erfahrungen aus Hunderten von Seminaren systematisiert, gibt Tips, wie man Naturerlebnistage (auch unter schwierigen Bedingungen) organisiert, erklärt, wie man die Abfolge der Spiele plant, und präsentiert natürlich eine Menge neuer Spiele in und um die Natur. Im Anhang finden Sie auch das Gesamtregister aller Spiele aus beiden Cornell-Erlebnisbüchern.
Aus dem Inhalt:
Mit dem Herzen lernen; Flow-Learning; Aktivitäten in der Natur: Tierarten, Baumbauen, Naturbingo, Geräusche-Landkarte, Barfußwanderung, Phantasiereise, Kameraspiel u.v.m.; Flow-Learning-Veranstaltung; Das Beste bei anderen herausbringen.

❑ Mit Kindern die Natur erleben

Joseph Cornell

3-99 Jahre, 152 S., 11 cm x 18,5 cm, Pb.,
viele Fotos
16.80 DM

Wer zusammen mit Kindern in unmittelbaren Kontakt mit der Natur kommen möchte, der findet in diesem Buch Anregung und Anleitung. Die Spiele wecken Intuition und Gefühl für die Natur, aber auch Verständnis für die ökologischen Zusammenhänge. Spielerisch entwickeln die Kinder so Liebe und Respekt für ihre natürliche Umgebung.

ANU-Verzeichnis der

❑ Umweltzentren in Deutschland 1992/93

Erstmals für Gesamtdeutschland

250 S., 16 cm x 23 cm, Pb.
16.80 DM

Ein Projekt der **Arbeitsgemeinschaft Natur- und Umwelterziehung**, gefördert von **WWF, Naturschutzbund Deutschland, LBV, Stiftung Naturschutz Berlin.**
Auf jeder Seite der "Steckbrief" eines Umweltzentrums: Ein wichtiges Nachschlagewerk für:

- PädagogInnen, die praktische Unterstützung, Information oder Beratung zur Umwelterziehung suchen oder die vor Ort bzw. auf Fahrten mit ihren Klassen/Gruppen naturnahe Räume erleben und Umweltschutz praktisch erfahren wollen;
- BürgerInnen mit Fragen zu Umweltschutz, Baubiologie, naturnahem Gartenbau;
- Naturschützer, die eine Anlaufstelle, ein Infozentrum oder Unterstützung für ihre Initiative wünschen.

Über 200 Adressen mit Angaben zu Zielen, Aufgaben, Trägern, Ausstattung, Themenschwerpunkten und Methoden der jeweiligen Zentren.

❑ Boden

Projekte, Versuche und Infos

Jürgen Forkel

Ab Kl. 5, 83 S., A4, Papph.
27.00 DM

Bodenerkundung: Die Oberfläche, auf der wir leben; Bodenarten; der Boden als Lebensgrundlage und Lebensraum für Tiere und Pflanzen; Bodenentstehung und Bodenfruchtbarkeit; Bodenverschmutzung und Bodenzerstörung; Bodenpflege und Bodengesundheit; Wir werden aktiv: Der Boden gehört allen.